Conception et réalisation : OKIDOKID.
Création graphique et mise en page : Mily Cabrol.

© 2021 Assimil
13, rue Gay-Lussac, 93431 Chennevières-sur-Marne
Numéro d'édition : 4077
ISBN : 978-27-005-0901-4
Loi du 16 juillet 1949 sur les publications destinées à la jeunesse
Imprimé en Roumanie par la Tipografia Real, Bucarest
Dépôt légal : août 2021

MANON PRUD'HOMME

ONGDA

BIENVENUE EN CORÉE !

한국에 오신 걸 환영합니다!

MON VOYAGE AU PAYS DE LA K-POP

나의 K-POP 나라 여행기

CORÉE DU SUD

✷ SOMMAIRE

1. Séoul, capitale palpitante
- En route pour Séoul ! — p. 8
- Bienvenue à Hapjeong ! — p. 10
- Séoul la nuit — p. 12
- › Le WhatsApp et le Google coréens — **p. 14**
- En route vers le centre-ville ! — p. 16
- Le village traditionnel de Bukchon — p. 18
- › **Se comporter en société** — **p. 20**
- Myeong-dong : quartier vivant ! — p. 22
- Coucher de soleil à Namsan — p. 24
- Exploration du quartier étudiant — p. 26
- › **L'école et le système éducatif** — **p. 28**
- L'aventure au Lotte World ! — p. 30
- Balade à vélo au parc Yeouido — p. 32
- › **Grandes entreprises coréennes** — **p. 34**
- Gangnam style... vraiment ? — p. 36
- Dans un bar à chats — p. 38
- › **Le phénomène *K-pop*** — **p. 40**
- Découverte de Suwon, ville ancienne — p. 42
- › **Littérature et cinéma** — **p. 44**

2. Jeonju, ville traditionnelle
- Au revoir Séoul... — p. 46
- Délicieux bibimbap de Jeonju — p. 48
- Immersion totale à Jeonju ! — p. 50
- › **La Corée en 5 éléments** — **p. 52**

3. Gyeongju, capitale de Silla
- Direction Gyeongju ! — p. 54
- De l'histoire, toujours plus d'histoire ! — p. 56
- En route pour le monastère Bulguk — p. 58
- › **La Corée du Nord** — **p. 60**

4. Busan, la station balnéaire
- En avant pour Busan ! — p. 62
- Balade sur l'île de Dongbaek — p. 64
- Les sites célèbres de Busan — p. 66
- Dernier jour à Busan — p. 68
- › **Les jeux vidéo et le *e-sport*** — **p. 70**

5. Les mystères de l'île de Jeju
- Départ pour l'île de Jeju — p. 72
- Une île rocheuse — p. 74
- Fin du périple coréen — p. 76

MES VISITES :
1. Séoul — p. 8
2. Suwon — p. 42
3. Jeonju — p. 46
4. Gyeongju — p. 54
5. Busan — p. 62
6. Île de Jeju — p. 72

VILLE DE SÉOUL

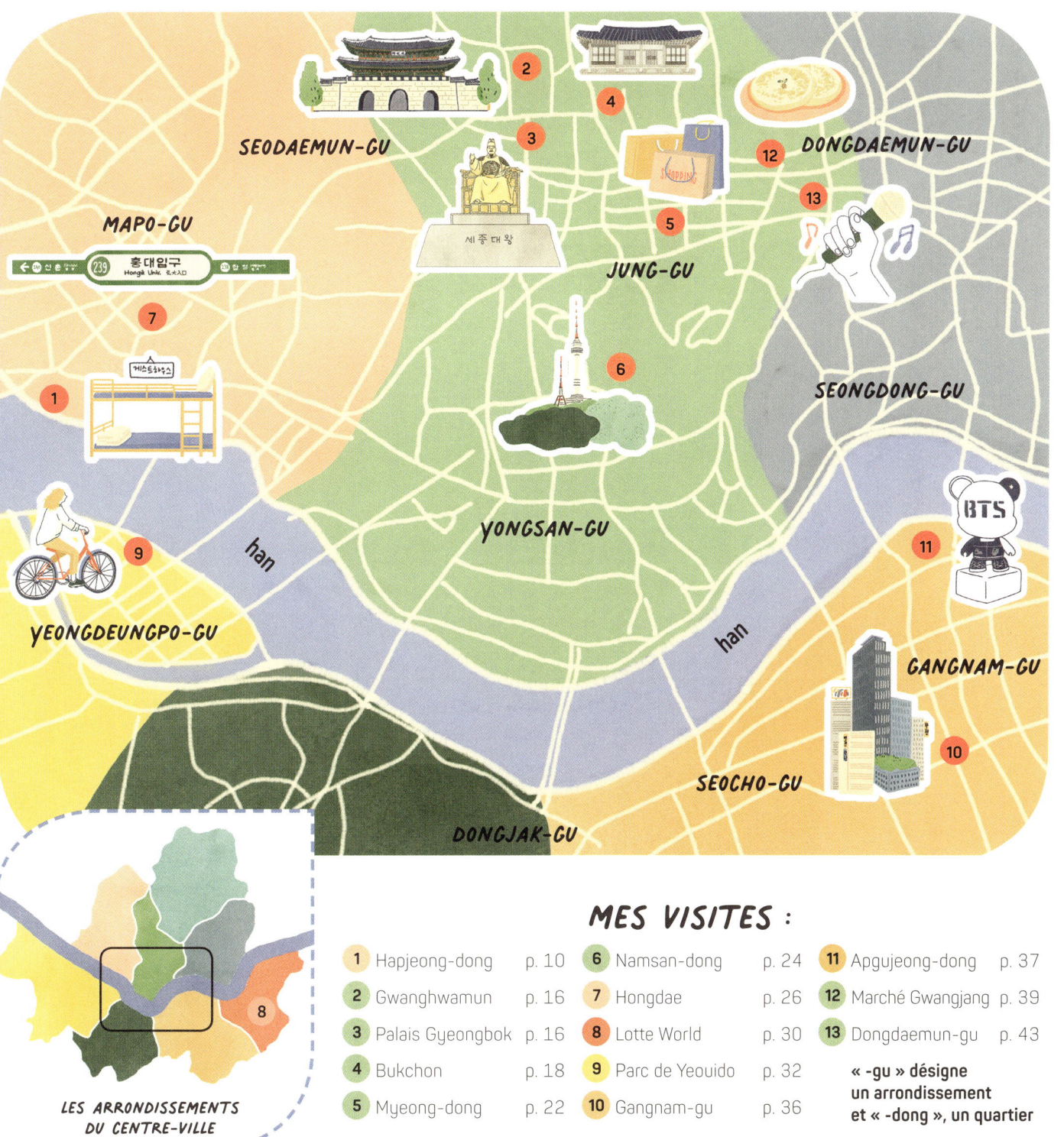

MES VISITES :

- 1 Hapjeong-dong — p. 10
- 2 Gwanghwamun — p. 16
- 3 Palais Gyeongbok — p. 16
- 4 Bukchon — p. 18
- 5 Myeong-dong — p. 22
- 6 Namsan-dong — p. 24
- 7 Hongdae — p. 26
- 8 Lotte World — p. 30
- 9 Parc de Yeouido — p. 32
- 10 Gangnam-gu — p. 36
- 11 Apgujeong-dong — p. 37
- 12 Marché Gwangjang — p. 39
- 13 Dongdaemun-gu — p. 43

« -gu » désigne un arrondissement et « -dong », un quartier

LES ARRONDISSEMENTS DU CENTRE-VILLE

EN ROUTE POUR SÉOUL !

✳ TOP DÉPART !

Aujourd'hui, c'est le jour du départ ! Je pars enfin visiter la Corée. Je vais découvrir cette culture incroyable, si éloignée de la mienne et j'espère vivre des expériences uniques ! Entre Paris et **SÉOUL**, il y a presque 9 000 kilomètres de distance et ça va être mon plus long voyage... 12 heures d'avion avant d'arriver à **INCHEON**, le plus grand aéroport de Corée.

INCHEON EST UNE CITÉ PORTUAIRE ET LA TROISIÈME VILLE LA PLUS PEUPLÉE DE CORÉE DU SUD APRÈS SÉOUL ET BUSAN. C'EST LÀ QU'ARRIVE LA MAJORITÉ DES VOLS INTERNATIONAUX.

✈ BIENVENUE À L'AÉROPORT D'INCHEON

Je suis exténuée ! Le voyage m'a semblé interminable, mais je suis si heureuse de poser le pied sur le sol coréen. J'ai du mal à réaliser que ça y est, mon rêve devient réalité. L'aéroport est immense, il y a des commerces partout. Les panneaux de direction sont en anglais et évidemment en coréen ! Je me repère rapidement et file sans plus attendre vers le métro pour rejoindre **SÉOUL** qui se situe à 50 kilomètres d'ici.

Ma première carte de transport

Avant de prendre le métro pour rejoindre Séoul, je m'arrête dans une petite épicerie à l'aéroport, un *pyeonuijeom* (편의점), dans lequel j'achète une carte *T-MONEY*. Elle me permettra de prendre les différents transports en commun en Corée ! Il y a des cartes de toutes sortes, des très sobres et d'autres avec les personnages de **KAKAOTALK**, la messagerie coréenne. Je ne sais pas laquelle choisir ! Mais j'opte finalement pour une à l'effigie de Ryan, un petit lion trop mignon ! Je paie 4 000 wons, soit presque 3 euros, et je pars ensuite la recharger du montant de mon choix aux bornes automatiques qui se trouvent à l'entrée du métro.

서울로 가자!

SÉOUL, CAPITALE PALPITANTE
첫 번째 날 — JOUR 1

 SUR LE QUAI...

Je dois prendre le **All-stop train** ou **ilban yeolcha** (일반열차). Je passe ma carte et accède au quai. Voilà le train qui arrive ! Une musique retentit quand il approche. Les wagons sont très lumineux et très propres. Aux deux extrémités, il y a des places réservées aux personnes âgées ou vulnérables. Gare à celui ou celle qui osera les occuper ! Regards d'indignation et reproches pourraient fuser ! Des écrans diffusent les dernières informations et, surprise, il y a aussi des relais Wi-Fi pour rester connecté pendant le trajet !

 DIRECTION SÉOUL...

J'ai tellement hâte d'arriver à **SÉOUL** ! Mais pour ça, je vais devoir encore attendre puisqu'il faut un peu plus d'une heure pour rejoindre ma destination. Comme l'**AÉROPORT D'INCHEON** se trouve sur une île, je dois traverser le long **PONT DE YEONGJONG** qui passe au-dessus de la **MER JAUNE**. J'observe ce paysage nouveau et je savoure chaque instant. Les arrêts se succèdent et, au bout de 50 minutes, j'arrive à la station **HONGIK UNIVERSITY**. Je descends du train pour rejoindre la ligne 2. Prochain arrêt : **HAPJEONG**. Dans les couloirs, tout est parfaitement indiqué et facile d'accès ! Qui aurait cru que je me repérerais aussi facilement dans une ville de plus de 9 millions d'habitants !

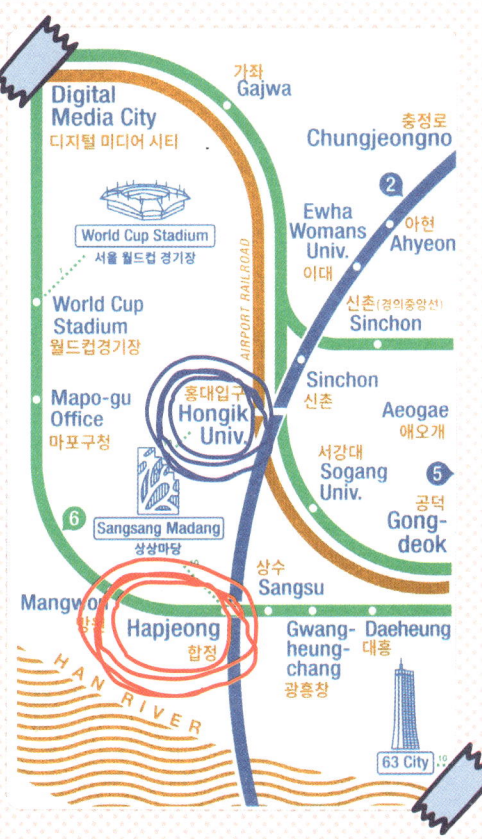

Terminus, tout le monde descend !

Le trajet jusqu'à la station d'**HAPJEONG** ne prend que quelques minutes. Maintenant, je dois sortir du métro ! Et en Corée, les stations ont parfois 10 sorties, voire plus ! Mais, même en cas de forte affluence, les voyageurs se déplacent de manière très fluide : à gauche il y a ceux qui sortent et à droite ceux qui entrent. Je saute dans un ascenseur. Mon cœur s'emballe : je vais enfin découvrir **SÉOUL**...

제 1 장 BIENVENUE À HAPJEONG !

♡ LE CALME DE HAPJEONG

Waouh ! Où suis-je ? J'arrive à la surface, près d'un grand axe de circulation, très dense, avec 4 voies de chaque côté. Autour de moi, il y a des bâtiments d'une dizaine d'étages ! Ma *guesthouse* n'est pas très loin. Je marche quelques mètres et je trouve la petite rue qui mène au logement.

Tout de suite, c'est beaucoup plus calme ! Il n'y a qu'un sens de circulation, la rue est étroite et silencieuse. Je m'engouffre dans le quartier et je découvre des immeubles moins hauts, en brique, plus anciens que ceux que j'ai vus sur le grand axe.

✦ ARRIVÉE À LA GUESTHOUSE

J'arrive finalement à la porte de ma *guesthouse* ! J'ai hâte de rencontrer mes hôtes : **JESPER** et **JONATHAN**. Le bâtiment en brique n'a que deux étages et un toit ouvert sur lequel on peut monter. Jesper m'ouvre et vient m'accueillir en bas des escaliers, car le logement se trouve au 2ᵉ étage. J'ai hâte de faire connaissance ! Jesper et Jonathan sont danois d'origine coréenne, ils sont arrivés en Corée du Sud il y a une dizaine d'années pour y créer leur *guesthouse*. Ils proposent plusieurs chambres : un dortoir de 6 personnes, un autre de 4 personnes et une chambre simple.

> LE QUARTIER DE HAPJEONG EST ADORABLE ! IL Y A DES DIZAINES DE PETITS RESTAURANTS ET BARS, DES GUESTHOUSES ET DES BOUTIQUES DE CRÉATEURS. LES JEUNES VIENNENT S'Y BALADER À PIED, LOIN DU BRUIT INCESSANT DE LA VILLE.

Une *guesthouse* ?!

Les *guesthouses* sont très répandues en Corée et plus généralement en Asie. C'est un mélange entre des chambres d'hôtes et une auberge de jeunesse. D'ailleurs on traduit ce mot par « maisons d'hôtes ». Les *guesthouses* sont moins chères que les chambres d'hôtel et permettent de rencontrer du monde.

합정에 오신 것을 환영합니다

SÉOUL, CAPITALE PALPITANTE
첫 번째 날 — JOUR 1

✋ PREMIÈRES RENCONTRES EN CORÉE

Jesper m'invite à retirer mes chaussures à l'entrée et me fait visiter l'appartement. Il y a une salle commune où tout le monde peut regarder la télévision ou jouer à des jeux de société. Sur les murs sont accrochés des mots de voyageurs qui sont passés par la *guesthouse*, ainsi qu'une carte du monde où chacun est invité à indiquer d'où il vient avec une punaise. Mes hôtes ont eu beaucoup de visiteurs à ce que je vois ! Jesper dépose ma valise dans le grand dortoir où il y a d'autres voyageurs : **SARA**, leur amie danoise d'origine coréenne, et **BART**, un voyageur des Pays-Bas. Tout en m'installant, je les salue et me présente :

JESPER 예스퍼
SARA 사라
JONATHAN 요나단
BART 바트

Se présenter en coréen

- 안녕하세요 ?
annyeonghaseyo?
- Bonjour !

- 안녕하세요! 이름이 뭐예요?
annyeonghaseyo! ireumi mwoyeyo?
- Bonjour ! Quel est ton nom ?

- 저는 미나입니다. 만나서 반가워요.
jeoneun Mina imnida. mannaseo bangaweoyo.
- Je m'appelle Mina. Je suis enchantée de te rencontrer.

- 반가워요. 제 이름은 사라이에요.
bangaweoyo. je ireumeun Sara ieyo.
- Enchantée. Je m'appelle Sara.

- 반가워요 사라. 어느 나라 사람이에요?
bangaweoyo Sara. eoneu nara saramieyo?
- Enchantée, Sara. D'où viens-tu ?

- 저는 덴마크인이에요.
jeoneun denmakeuin ieyo.
- Je suis danoise.

- 알겠습니다. 저는 프랑스 사람이에요.
algetseumnida. jeoneun peurangseu saramieyo.
- D'accord. Moi, je suis française.

- 미나! 몇 살이에요?
Mina! myeot sarieyo?
- Mina ! Quel âge as-tu ?

- 제가 스물한살이에요.
jega seumulhansarieyo.
- J'ai 21 ans !

제1장 SÉOUL, LA NUIT

LES RUES S'ANIMENT, LES LAMPIONS DES DEVANTURES ILLUMINENT LES PETITES RUELLES. IL Y EN A PARTOUT !

❋ À L'ASSAUT DU BARBECUE CORÉEN !

Nous arrivons au restaurant qui est bondé et très bruyant. Au centre de chaque table, il y a un barbecue intégré. Les serveurs courent dans tous les sens et l'odeur de la viande grillée embaume la salle. Ce soir ce sera **samgyeopsal**, de la poitrine de porc tranchée, et **usamgyeop**, du bœuf découpé en fines lamelles. Pour commander, Jesper appuie sur une sonnette située en bout de table qui retentit dans le restaurant. Un serveur s'approche, note nos choix de plats, allume le barbecue et active la hotte située au-dessus.

En bout de table se trouve une boîte où sont rangés les couverts : en Corée, on mange avec une paire de baguettes en métal et une grosse cuillère. Jesper nous distribue un set à chacun. La viande crue arrive avec plusieurs accompagnements, qu'on appelle **banchan**. C'est très convivial. À l'exception de notre bol de riz, tout est à partager.

♡ L'EMPIRE DES NÉONS

Jesper propose un dîner d'accueil en ville pour manger tous ensemble un barbecue coréen. De nuit, le quartier de **HAPJEONG** est transformé ! Les délicieuses odeurs des restaurants s'échappent dans la rue. De grands panneaux installés devant l'entrée présentent les spécialités. Il y en a pour tous les goûts : coréens, japonais ou encore mexicains. L'ambiance est incroyable ! Je sens que je vais adorer cet endroit et y passer beaucoup de temps !

서울... 밤에는

SÉOUL, CAPITALE PALPITANTE

첫 번째 날 — JOUR 1

 COMMENT MANGER UN BARBECUE ?

Jesper me montre comment cuire la viande et m'invite à prendre une feuille de salade, à y déposer du riz, du **ssamjang** et une tranche de **samgyeopsal**. C'est délicieux même si c'est un peu piquant ! On trouve souvent du piment dans les plats coréens, c'est un condiment très répandu. Je me régale et passe une fantastique première soirée malgré la fatigue du voyage.

Sur le chemin du retour, je suis éblouie par les néons des enseignes qui indiquent un karaoké ici, une salle de jeux vidéo là, un café à thème au-dessus, un bar au sous-sol. Mais place au repos, demain, une longue journée m'attend...

SAMGYEOPSAL 삼겹살

SSAMJANG 쌈장

BANCHAN 반찬

PAJEORI 파절이

KIMCHI 김치

USAMGYEOP 우삼겹

L'importance des *banchan*

Servis dans tous les repas coréens, les **BANCHAN** sont très variés. Il y a évidemment du **KIMCHI**, du chou mariné avec de l'ail et du piment, des gousses d'ail et de l'oignon frais à faire griller, du piment vert, mais aussi une salade d'oignons verts au piment appelée **PAJEORI**, du radis blanc mariné, des feuilles de salade et une sauce préparée à base de pâte de piment et de pâte de soja qu'on appelle **SSAMJANG**. Il y en a partout !

ZOOM CORÉE

LE WHATSAPP ET LE GOOGLE CORÉENS

🤍 KakaoTalk

S'il existe un système de messagerie électronique que les Coréens utilisent tous, c'est bien **KakaoTalk** (카카오톡). Lancée pour la première fois en 2010, cette application mobile permet de s'appeler et de s'envoyer des messages, des photos ou des vocaux. C'est la messagerie la plus utilisée en Corée du Sud. Elle est surtout connue pour ses personnages Apeach, Neo, Tube, Muzi et Con, Tube, Ryan, Groovy Jay-G, Frodo. Véritable phénomène en Corée du Sud, les KakaoTalk Friends ont des boutiques spécialement dédiées, des cafés à thème ou des collections éphémères de maquillage. Aujourd'hui il ne s'agit plus seulement d'une simple application de messagerie en ligne puisque plusieurs filières se sont développées, comme **KakaoTaxi** permettant de réserver un taxi, **KakaoMap** pour se repérer, **KakaoBank** qui est un service de banque en ligne.

한국 왓츠앱과 한국 구글

💜 Naver

Premier portail Internet sud-coréen, **Naver** (네이버) a été lancé en 1999. Tout comme Kakao, l'entreprise Naver a petit à petit diversifié ses activités en proposant notamment à ses utilisateurs de créer des blogs grâce à **Naver Blog**. Depuis le milieu des années 2000, la plate-forme propose également des **webtoons** aujourd'hui très célèbres dans le pays. Certains ont d'ailleurs été traduits en français comme **Tower of Gods** ou **The Gamer**. Naver propose également des dictionnaires en ligne utilisés à la fois par les Coréens et les étrangers. En tout, 34 langues sont prises en charge sur l'application et le site web de **Naver Dictionary**. Considéré comme le « Google sud-coréen », Naver est utilisé par plusieurs dizaines de millions d'internautes.

제1장 EN ROUTE VERS LE CENTRE-VILLE !

♡ LA GRANDE PLACE GWANGHWAMUN

Aujourd'hui, j'ai décidé d'aller dans le centre historique de Séoul. J'ai pris le bus jusqu'à **GWANGHWAMUN** (광화문) pour visiter le palais **GYEONGBOK** (경복궁) construit en 1395 par le roi Taejo. Il a été la résidence des rois de Corée jusqu'en 1592 avant d'être détruit par le feu pendant les invasions japonaises au XVIe siècle. Il a été ensuite reconstruit en 1895, soit 300 ans plus tard !

En arrivant sur la place de **GWANGHWAMUN**, j'aperçois la statue de l'amiral **YI SUN-SIN**, un héros national du XVIe siècle, inventeur du « bateau tortue », **geobukseon** (거북선), qui a servi à défendre le pays contre les invasions japonaises. Plus loin, il y a celle du roi Sejong qui a promulgué l'alphabet coréen en 1446. Sous sa statue se trouve un musée qui en explique les origines.

L'alphabet coréen

Originellement dénommé le *hunminjeongeum* (훈민정음), et aujourd'hui appelé le *hangeul* (한글), l'alphabet coréen se compose de 10 voyelles et de 14 consonnes. Il a été pensé pour donner accès à l'éducation au peuple. Avant, les Coréens écrivaient avec des caractères chinois appelés *hanja* (한자). Le nom *Hong Gyeong Mi* s'écrit 홍경미 et se compose de : ㅎ+ㅗ+ㅇ=홍   ㄱ+ㅕ+ㅇ=경   ㅁ+ㅣ=미

A	YA	EO	YEO	O	YO	U	YU	EU	I
ㅏ	ㅑ	ㅓ	ㅕ	ㅗ	ㅛ	ㅜ	ㅠ	ㅡ	ㅣ

G/K	N	D/T	R/L	M	P/B	S	NG (muet)	J	CH	K'	T'	P'	H
ㄱ	ㄴ	ㄷ	ㄹ	ㅁ	ㅂ	ㅅ	ㅇ	ㅈ	ㅊ	ㅋ	ㅌ	ㅍ	ㅎ

시내에 가자!

SÉOUL, CAPITALE PALPITANTE
두 번째 날 — JOUR 2

DÉCOUVERTE DU PALAIS GYEONGBOK

Je traverse la place et arrive devant le palais entouré par des remparts. Des hommes habillés en tenues traditionnelles des gardes de l'époque **JOSEON** (1392-1897) se tiennent près de la porte du palais. C'est très impressionnant. La cour est immense, j'ai du mal à réaliser où je me trouve. Je regarde autour de moi, tentant de capturer chaque instant passé ici.

 ## SAUT DANS LE TEMPS

Je croise des visiteurs en habit traditionnel qui font des séances photo improvisées dans ce cadre incroyable. Une fois passée la **PORTE HEUNGNYE** (흥례문), j'explore les différents pavillons. Je suis impressionnée ! J'arrive près de **GYEONGHOERU** (경회루) au bord d'un étang. Cet endroit était réservé aux envoyés étrangers et aux officiels de la cour. Un peu plus loin se trouve **L'ÉTANG HYANGWON** (향원지), avec au milieu une île artificielle sur laquelle se trouve un pavillon octogonal. Je suis totalement émerveillée : cela ne ressemble à rien de ce que j'ai pu voir auparavant. Tout au fond, j'aperçois le **MONT BUKHAN** et le toit de la maison présidentielle appelée ici **MAISON BLEUE** ou **CHEONGWADAE** (청와대) en référence à la couleur des tuiles de son toit.

L'harmonie des couleurs

Je remarque ces ornements caractéristiques de la Corée qu'on appelle *dancheong* (단청) et qu'on retrouve sur la plupart des bâtiments anciens. Ces peintures permettaient aussi de protéger le bois des intempéries. On trouve 5 couleurs principales : le noir, le blanc, le rouge, le vert et le jaune qui font référence aux points cardinaux et aux 5 éléments. Le noir, c'est pour le Nord et l'eau ; le blanc, pour l'Ouest et l'or, le rouge, pour le Sud et le feu, le vert, pour l'Est et le bois, et le jaune, c'est le centre et la terre.

UN PONT DE BOIS ORNEMENTÉ SURPLOMBE L'ÉTANG HYANGWON.

제 1 장

LE VILLAGE TRADITIONNEL DE BUKCHON

♡ AU MILIEU DES MAISONS ANCIENNES

Après ma visite, je décide d'aller au village traditionnel de **BUKCHON**, littéralement « le village du nord », pour y boire un thé. Ce quartier de Séoul est célèbre pour ses maisons traditionnelles qu'on appelle des **hanok** (한옥). Les fondations sont en pierre, les piliers et les poutres, en bois brut. Les murs de terre sont peints en blanc et les toits en tuiles sont incurvés. L'ambiance qui règne ici est magique, comme hors du temps. Au sommet du village, il y a une vue imprenable sur Séoul et **NAMSAN TOWER**. Des gens en tenue traditionnelle se prennent en photo devant les maisons. Derrière certaines portes se trouvent des *guesthouses*, des galeries d'art ou des petits commerces d'artisanat.

북촌 한옥 마을

SÉOUL, CAPITALE PALPITANTE
두 번째 날   JOUR 2

UN PEU DE THÉ ?

Quoi de mieux que de déguster un thé coréen dans un endroit pareil ? Je pousse la porte d'une maison de thé célèbre dans le quartier et retire immédiatement mes chaussures. Le bâtiment forme un carré autour d'un jardin traditionnel avec un point d'eau. Une serveuse m'invite à m'installer à l'une des tables basses pour y boire un thé. De grandes baies vitrées offrent un panorama sur le jardin et des tasses anciennes sont exposées sur les murs.

DANHOBAKSIRUTTEOK
단호박시루떡

OMIJACHA
오미자차

Un goûter à la coréenne !

J'opte pour un *omijacha* (오미자차) ou « thé aux 5 saveurs » accompagné d'un gâteau de riz vapeur à la citrouille appelé *danhobaksirutteok* (단호박시루떡). Je savoure ce goûter coréen en repensant à ma première journée de découverte de la ville. Demain, j'irai faire du shopping dans un célèbre quartier de Séoul : MYEONGDONG.

SE COMPORTER EN SOCIÉTÉ

En Corée, et dans beaucoup de pays asiatiques, il existe une hiérarchie sociale très forte. L'âge est un facteur particulièrement important et détermine la façon dont on doit interagir avec les autres. Ce qui est étonnant, c'est que, dans ce pays, notre âge est différent ! Les Coréens estiment que les 9 mois passés dans le ventre de la mère comptent. Donc, quand un bébé naît, on arrondit, et on dit qu'il est déjà âgé d'un an. Mais ça ne s'arrête pas là, en plus d'ajouter une année le jour de sa naissance, chaque Coréen « grandit » le 1er janvier. Pour calculer ton âge coréen, il suffit de faire ce calcul : année actuelle − année de naissance + 1 !

L'âge détermine l'ensemble des relations familiales, amicales et professionnelles. Il est essentiel de respecter cette hiérarchie, parfois un peu complexe.

Si je suis une femme et que je m'adresse à une personne plus âgée, j'utilise **oppa** (오빠), littéralement « grand frère », pour un homme, et **eonni** (언니), « grande sœur », s'il s'agit d'une femme. Si je suis un homme, je dois m'adresser à un homme plus âgé en l'appelant **hyeong** (형), « grand frère », et à une femme en utilisant **nuna** (누나), « grande sœur ».

En tant que cadet.te, je dois également me plier à certaines règles de politesse. Lorsque je rencontre quelqu'un de plus âgé, c'est à moi de m'incliner en premier pour saluer. Lorsque je parle à des aîné.e.s, je dois utiliser une conjugaison formelle qui marque le respect. À table, je ne mange pas tant que l'aîné.e n'a pas commencé.

예의범절

En revanche, si je m'adresse à quelqu'un de plus jeune que moi, j'utilise **dongsaeng** (동생), qui signifie « petit frère » ou « petite sœur ». Être aîné.e possède aussi des désavantages, notamment si on sort au restaurant. Généralement, c'est à la personne la plus âgée d'inviter l'ensemble de la table. Pour désigner les hommes d'âge mûr, on dit **ajeossi** (아저씨), « père », et **halabeoji** (할아버지), « grand-père » pour les hommes âgés. Les femmes âgées sont appelées « grand-mère », **halmeoni** (할머니).

Que l'on soit un garçon ou une fille, aîné.e ou cadet.te, la façon de communiquer avec les autres diffère beaucoup. Dans le cadre du travail, on nomme généralement ses collègues par le titre qu'ils possèdent au sein de la société : **sajangnim** (사장님) pour le directeur général ou **hoejangnim** (회장님) pour le président. Il n'est pas rare non plus de se faire appeler **sonnim** (손님), « client », quand on rentre dans une boutique ou un restaurant.

Les gestes sont aussi très importants en Corée. Par exemple, lorsqu'on donne ou reçoit quelque chose, il est recommandé de bien savoir positionner ses 2 mains. Il existe plusieurs techniques en fonction du degré de respect que l'on porte à l'interlocuteur. On peut placer sa main en dessous du poignet ou sous l'aisselle pendant que l'autre main donne ou reçoit. Il est possible aussi de recevoir ou donner à l'aide des 2 mains en s'inclinant légèrement. C'est notamment le cas lorsqu'on s'échange des cartes de visite.

MYEONG-DONG : QUARTIER VIVANT !

제 1 장

♡ SHOPPING À MYEONGDONG

Réveil difficile, le décalage horaire est si fort que je n'ai pas entendu mon réveil... Il est presque midi, je vais pouvoir aller déjeuner à **MYEONGDONG**. Je meurs de faim ! Le quartier est très animé, même en pleine journée. Des dizaines de vendeurs, micro à la bouche, invitent les passants à venir voir leurs promotions sur toutes sortes de produits. Les rues sont bondées. Quelle ambiance ! De chaque côté de cette zone piétonne, il y a des restaurants, des magasins de cosmétiques ou de vêtements, des karaokés, des pâtisseries, des boutiques de souvenirs, il y a de tout !

KIMBAP 김밥

EOMUK KKOCHI 어묵꼬치

MANDU 만두

TTEOKBOKKI 떡볶이

HOEORI GAMJA 회오리감자

☺ GOÛTONS À LA STREET FOOD !

Je décide de commencer mon repas par des **kimbap**. Cette spécialité se compose de riz, **bap**, (밥) de légumes et d'un peu de viande roulés dans une feuille d'algue, appelée **kim** (김). Plus loin, un stand propose des **eomuk kkochi**, des brochettes de gâteaux de poissons servies avec un bouillon. J'ajoute quelques **mandu**, des raviolis cuits à la vapeur et fourrés à la viande et aux légumes. Un délice ! Je continue et je tombe sur un vendeur de **tteokbokki**, une spécialité coréenne ! Ce sont des pâtes de riz épaisses, cuites dans une sauce pimentée, **gochujang** (고추장). J'ai envie de tout goûter... Les odeurs qui se dégagent des stands sont exquises ! Je m'accorde une dernière tentation : une **hoeori gamja** ! C'est une pomme de terre découpée en spirales, cuite et assaisonnée. Un peu de marche me fera du bien pour digérer. Direction les boutiques !

명동 : 활기찬 동네

SÉOUL, CAPITALE PALPITANTE

세 번째 날   **JOUR 3**

Au milieu de la chaussée, des vendeurs ambulants proposent une variété infinie de spécialités coréennes.

LA BEAUTÉ CORÉENNE ?

La Corée du Sud n'est pas seulement célèbre pour la **K-POP** ! Les cosmétiques y sont aussi très réputés et, à **MYEONGDONG**, on trouve toutes les grandes marques coréennes : **INNISFREE**, **NATURE REPUBLIC**, **ETUDE HOUSE**, **IT'S SKIN**, **SKIN FOOD**... Je vais donc me familiariser avec la **K-BEAUTY** !
Ici, on pratique une routine beauté qu'on appelle « *layering* » ou « superposition ». Elle consiste à appliquer plusieurs produits dans un ordre bien précis.

1. EAU NETTOYANTE — 클렌징 워터
2. LOTION TONIQUE — 토너
3. SÉRUM — 에센스
4. CONTOUR DES YEUX — 아이 크림
5. CRÈME HYDRATANTE — 수분 크림
6. CRÈME SOLAIRE — 자외선 차단제

Accompagnement personnalisé !

J'entre dans une boutique et une vendeuse me prend tout de suite en charge en me tendant un panier. Elle m'aide à construire ma routine en fonction des besoins de ma peau. Nettoyer, purifier, hydrater, protéger. Elle ne me propose pas moins de 6 produits différents censés rendre ma peau impeccable. Puis je passe à la caisse, et on me donne des dizaines d'échantillons que je testerai aussitôt rentrée ! Quand je sors de la boutique, le soleil se couche...

제1장

COUCHER DE SOLEIL À NAMSAN

♡ **VUE PANORAMIQUE SUR SÉOUL**

Mes emplettes sont faites, la nuit tombe sur Myeongdong et, pour terminer cette belle journée, je décide de visiter la **N SEOUL TOWER**, une tour de 236 mètres, posée sur le mont Nam. Pour arriver au sommet, je dois monter dans le funiculaire qui coûte 8 500 wons, un peu plus de 6 euros. En haut, la ville s'étale sous mes yeux. Je prends conscience de son immensité avec ses lumières qui s'étendent à l'infini. J'arrive sur une petite esplanade où se dresse un pavillon traditionnel.

JE RESTE DE LONGUES MINUTES À OBSERVER LE COUCHER DU SOLEIL SUR CETTE VILLE MAGIQUE.

남산 꼭대기에서 일몰

SÉOUL, CAPITALE PALPITANTE
세 번째 날 — JOUR 3

Pour aller à l'observatoire panoramique, je paie 9 000 wons, presque 7 euros. Je grimpe dans un ascenseur super rapide et, en quelques minutes, me voilà au sommet. La vue sur Séoul est éblouissante !

 ## LE ROMANTISME DE NAMSAN

Lorsque je redescends, je remarque que de nombreux couples se sont donné rendez-vous dans ce lieu particulier. Ils accrochent des cadenas qu'ils scellent au grillage, comme sur le pont des Arts, à Paris ! L'ambiance est très romantique. Ce qui est marrant, c'est de voir tous ces jeunes habillés de la même façon ! Le phénomène couple *outfit*, « habit de couple », est très apprécié en Corée : les deux amoureux arborent souvent la même tenue. C'est trop mignon !

Les relations amoureuses en Corée

En Corée du Sud, il n'est pas rare de rencontrer son âme sœur par le biais d'un ou d'une amie. Pour parler de ce phénomène, on utilise le terme *sogaeting* (소개팅), un mot-valise fabriqué avec le verbe « rencontrer », *sogaehada* (소개하다), et le mot anglais *dating*, « sortir ensemble ». Et contrairement à nous, les Coréens ont plusieurs fêtes pour les couples et même une pour les célibataires !

♡ **14 FÉVRIER** :
À la Saint-Valentin, ce sont les femmes qui offrent des chocolats aux hommes.

♡ **14 MARS** :
Pour le *White Day*, c'est au tour des hommes d'offrir des cadeaux aux femmes.

♡ **14 AVRIL** :
Le *Black Day* est réservé aux célibataires. Des groupes d'amis se retrouvent pour manger des *jjajangmyeon*, plat à base de pâte de soja de couleur noire.

제1장 EXPLORATION DU QUARTIER ÉTUDIANT

♡ AMBIANCE DE FOLIE !

Je rentre à la *guesthouse* pour déposer tous les achats que j'ai faits aujourd'hui et je vais me promener dans **HONGDAE**, le quartier voisin, qui est jeune et étudiant en raison de sa proximité avec **L'UNIVERSITÉ HONGIK**. L'ambiance y est bien différente de celle des ruelles calmes de **HAPJEONG** ! Il y a un nombre illimité de restaurants, de cafés, de bars, de karaokés, de boîtes de nuit et de magasins ! C'est très animé, de jour comme de nuit !

LES ARTISTES DE HONGDAE

En me baladant, j'aperçois un attroupement et j'entends une musique entraînante. Je m'approche et je vois une troupe de jeunes danseurs exécuter une chorégraphie parfaitement synchronisée sur une chanson de **K-POP**. Le plus souvent, ils sont plutôt jeunes et tentent de gagner un peu d'argent en comptant sur la générosité des passants. Mais, parfois, certaines troupes semblent célèbres, il y a des fans au premier rang qui agitent des pancartes au nom des artistes ! Cette ambiance festive me donne le sourire ! Il n'y a pas de quartiers similaires en France.

> JE ME RENDS COMPTE QUE, DANS TOUTE LA RUE PIÉTONNE, DES ARTISTES FONT DES SPECTACLES : DU CHANT, DE LA DANSE. IL Y EN A POUR TOUS LES GOÛTS.

대학가 탐험

SÉOUL, CAPITALE PALPITANTE
세 번째 날 — JOUR 3

UN BESOIN ? UNE BOUTIQUE !

Si les boutiques de vêtements tendance ne manquent pas à **HONGDAE**, on y trouve aussi ces petites échoppes qui vendent un seul produit décliné en une multitude de modèles. Ainsi, on trouve des chaussettes en tout genre, à des prix défiant toute concurrence : des basses, des mi-hautes, des hautes, des simples, des colorées et même certaines à l'effigie de stars de la **K-POP** ou de personnages Disney. Je craque pour une paire de socquettes à l'effigie de Ryan et une paire de chaussettes basses avec un citron brodé sur le côté ; le tout pour 2 000 wons, soit 1,50 euro. Lancée, je décide de m'aventurer dans une boutique spécialisée dans les coques de téléphone et, là encore, il y a du choix ! J'achète finalement celle où figure une bouteille de lait à la banane, ou **banana uyu** (바나나 우유), une boisson très appréciée en Corée ! Après cette longue journée, je rentre pour me reposer...

mon shopping

L'ÉCOLE ET LE SYSTÈME ÉDUCATIF

♡ Le système éducatif sud-coréen

Contrairement à la France, où l'école est obligatoire dès la maternelle, elle n'est obligatoire qu'à partir de 6 ans pour les enfants sud-coréens. Le cycle primaire dure 6 ans. Comme dans d'autres pays asiatiques, l'année scolaire débute en mars et se termine en février. Le rythme fonctionne en semestres et non en trimestres. Le lycée et le collège durent chacun 3 ans. Puis un test d'aptitudes pour l'entrée à l'université, appelé **suneung** (수능), est organisé au mois de novembre. Stress garanti !

♡ Le *suneung*

L'étape du ***suneung*** est donc cruciale. À tel point que le jour de l'examen, toute la société sud-coréenne se met à l'arrêt : le gouvernement limite les vols, les entreprises décalent leurs horaires pour que les étudiants puissent prendre plus facilement le métro. Les policiers aident ceux qui sont en retard en les prenant sur leurs motos pour les conduire au centre d'examen. Encore plus incroyable, les klaxons sont interdits en ville pour ne pas déranger les lycéens. Dans les rues, on peut voir des familles venir avec des pancartes.

♡ La pression scolaire

Le système éducatif est particulièrement dur et les élèves se disputent les places dans les meilleures universités du pays. Pour se préparer, il n'est pas rare que les lycéens prennent des cours particuliers dans des instituts privés, des ***hagwon*** (학원), où ils étudient jusque tard dans la nuit. Obtenir sa place à la « SKY », lettres qui désignent la **S**eoul National University, la **K**orea University ou la **Y**onsei University, permettrait d'obtenir plus facilement un emploi dans une grande entreprise. Les conséquences sur la santé mentale des étudiants sont de plus en plus décriées. La Corée

교육과정와 교육

du Sud fait partie des pays où le taux de suicide est le plus élevé. C'est même la première cause de décès chez les jeunes. En moyenne, les élèves sud-coréens passent 220 jours à l'école, contre 162 en France.

♥ Jours fériés en Corée du Sud

- **1ᵉʳ janvier (신정)** : comme en France, le 1ᵉʳ janvier est férié.
- **Seollal (설날)** : ce jour correspond au nouvel an du calendrier lunaire. C'est l'une des fêtes les plus importantes. Traditionnellement, pour porter chance, on mange une soupe aux gâteaux de riz appelée *tteokguk* (떡국).
- **1ᵉʳ mars (3.1절)** : cette date célèbre la déclaration d'indépendance que les Coréens ont proclamée le 1ᵉʳ mars 1919 pendant l'occupation japonaise.
- **Anniversaire de Bouddha (부처님 오신 날)** : il est fixé au 8ᵉ jour du 4ᵉ mois lunaire et a généralement lieu en avril. Des célébrations bouddhiques sont alors organisées dans les monastères.
- **5 mai (어린이날)** : ce jour-là, on célèbre les enfants. C'est l'occasion pour les adultes de leur offrir des cadeaux et de faire des sorties en famille.
- **6 juin (현충일)** : ce jour est réservé aux commémorations des Coréens morts pour la nation.
- **15 août (광복절)** : cette date célèbre la fin de l'occupation japonaise en 1945.
- **Chuseok (추석)** : le 15ᵉ jour du 8ᵉ mois lunaire, cette fête de la moisson est la plus célébrée. Les Coréens en profitent pour rendre visite à leurs proches et faire des offrandes à leurs ancêtres.
- **3 octobre (개천절)** : le jour de la fondation célèbre la création du premier royaume coréen, Gojoseon, par Tangun, en 2333 avant notre ère.
- **9 octobre (한글날)** : le jour où l'alphabet a été promulgué par le roi Sejong en 1446 en Corée. Il est redevenu un jour férié en Corée du Sud depuis 2012.
- **Noël (크리스마스)** : les Chrétiens coréens célèbrent la naissance de Jésus, mais les non-chrétiens profitent également de ce jour pour s'offrir des cadeaux et passer du temps ensemble.

제1장 L'AVENTURE AU LOTTE WORLD !

♡ UN PARC D'ATTRACTIONS AU MILIEU DE LA VILLE

Ce matin, je pars à l'aventure avec Sara, mon amie rencontrée à la *guesthouse*, au **LOTTE WORLD**, un immense parc d'attractions, comparable à Disneyland, situé en plein cœur de Séoul ! Dans la partie extérieure du parc, sur **MAGIC ISLAND**, se trouvent un énorme château, une maison hantée et des attractions très variées ! On peut même naviguer sur le lac artificiel où se trouve l'île ! L'autre partie du parc, **ADVENTURE**, est en intérieur et se divise en plusieurs thématiques : jungle, Égypte antique et même une réplique d'un village français ! Il y a 4 étages avec, au centre, une patinoire sous une immense verrière. Je me demande comment on va pouvoir tout faire en un jour !

LE PLEIN DE SENSATIONS !

Sans plus attendre, Sara et moi décidons de commencer par **MAGIC ISLAND**, réputée pour son romantisme et ses attractions à sensations, dont le **GYRO DROP** ! Une chute libre à 70 mètres du sol ! Mais avant d'y monter, nous sommes invitées à retirer nos chaussures... (Il ne faudrait pas qu'elles s'envolent en cours de route !) Après ça, j'ai littéralement le souffle coupé, mais ça m'a provoqué une montée d'adrénaline incroyable ! Pour nous calmer, nous décidons de faire le tour de l'île en barque. C'est beaucoup plus reposant.

> J'AI HÂTE DE DÉCOUVRIR CET ENDROIT COUPÉ DU MONDE ET DE TOUT ESSAYER !

모험이 가득한 롯데월드!

SÉOUL, CAPITALE PALPITANTE

네 번째 날 JOUR 4

À la pointe de la technologie

Ensuite, Sara me propose de tester les attractions à l'intérieur et plus particulièrement la partie réservée à la réalité virtuelle. Tout un espace y est dédié ! On choisit *JUICE PANG PANG*, un jeu qui consiste à trancher le plus de fruits possible en un temps limité.

 ## DES ÉTOILES PLEIN LES YEUX

Nous mangeons dans un des nombreux restaurants du parc et repartons aussitôt tester les autres attractions : **MILLENIUM BLACK HOLE**, **PHARAOH'S FURY**, **FRENCH REVOLUTION**, **AERONAUTS BALLOON RIDE**, **JUNGLE ADVENTURE**... Et pour conclure cette journée de folie, nous évoluons sur l'immense patinoire. Le temps est passé à une allure folle, mais on ne pouvait pas partir sans assister à l'une des parades de **LOTTE WORLD**. Les mascottes de **LOTTY** et **LORRY**, les effigies du parc, défilent avec toute leur bande. C'est super !

Cette journée a vraiment été pleine de sensations fortes et je suis contente que Sara ait été avec moi pour vivre ça. **LOTTE WORLD** n'a rien à envier aux autres parcs d'attractions du monde !

Lotty et Lorry

제 1 장 BALADE À VÉLO AU PARC DE YEOUIDO

♡ PIQUE-NIQUE SUR LES BORDS DU FLEUVE

Pour terminer cette journée pleine de sensations, Sara me propose d'aller au parc de **YEOUIDO** (여의도) pour pique-niquer sur les bords du **HAN**, le fleuve qui traverse Séoul. **YEOUIDO** est également le centre politique et économique de la Corée du Sud. C'est sur cette île que se trouve l'Assemblée nationale par exemple, mais également la Bourse et le siège social de grandes banques coréennes dont les tours semblent toucher les nuages !

❋ UN PARC OÙ IL FAIT BON VIVRE

En avril, c'est également là que se déroule le festival des cerisiers en fleur. Les Coréens ont l'habitude de se retrouver ici pour se relaxer dans des tentes qui les protègent du soleil, au printemps et en été. On y a aussi installé une sculpture de la créature du film à succès *The Host*, de Bong Joon-ho. La vue sur l'autre rive de Séoul est superbe ! Les rayons du soleil couchant se reflètent sur les vitres du 63 Building et lui donnent une belle couleur orangée. Cette ville aux mille et un visages est fascinante !

> SARA ME PROPOSE DE FAIRE LE TOUR DE L'ÎLE À VÉLO. IL Y A DES PISTES CYCLABLES TRÈS BIEN AMÉNAGÉES.

여의도 공원에서 자전거 타기

SÉOUL, CAPITALE PALPITANTE

네 번째 날   JOUR 4

❋ POULET FRIT À VOLONTÉ !

Après notre petit tour de l'île, Sara m'indique un restaurant de poulet frit, un plat dont les Coréens raffolent ! Et contrairement à ce qu'on pourrait penser, il y a un choix impressionnant de recettes : classique, à l'ail, pimentée ou encore assaisonnée. Sara commande un set pour qu'on puisse goûter à plusieurs types de fritures. Notre dîner prêt, nous l'emportons jusqu'à un carré d'herbe. Aujourd'hui encore, Séoul m'a réservé de nombreuses surprises. Je m'y sens vraiment bien ! Après notre festin, je rentre avec Sara à la *guesthouse*.

Le poulet-bière !

Habituellement, les Coréens mangent ce poulet en buvant une bière : ce mélange, véritable institution, porte le nom de **chimaek** (치맥), littéralement « poulet », **chikin** (치킨), et « bière », **maekju** (맥주).

GRANDES ENTREPRISES CORÉENNES

♡ Samsung

La société **Samsung** (삼성), nom qui signifie les « Trois Étoiles », est fondée en mars 1938 dans le Gyeongsang du Sud par Lee Byung-chul. Loin d'être aussi célèbre qu'aujourd'hui, Samsung est à l'origine une société de négoce et un fabricant de nouilles avant de se lancer dans la raffinerie de sucre après la guerre de Corée. Les activités de Samsung se diversifient au fil du temps. Ce n'est qu'à la fin des années 1960 que l'entreprise débute dans l'industrie électronique pour se développer ensuite massivement dans les années 1990. Si l'on connaît principalement Samsung pour ses produits électroniques, l'entreprise est également présente dans les domaines de la construction ou de l'automobile. Elle possède même un parc d'attractions en Corée du Sud nommé Everland.

♡ LG

Abréviation de Lucky-Goldstar, la compagnie est créée en 1947 par Koo In-hwoi. Elle est considérée comme une entreprise pionnière dans les domaines de l'industrie chimique et électronique. Petit à petit, elle s'est étendue et a commencé à investir dans les services de télécommunications. Le groupe **LG** compte aujourd'hui plus de 250 entreprises différentes dans des domaines très variés, allant du petit électroménager aux téléphones portables en passant par la production d'armement.

♡ Hyundai

Fondée en 1947 par Chung Ju-Yung, **Hyundai** (현대) est aujourd'hui connue pour ses voitures, mais,

한국의 재벌

à l'origine, il s'agissait d'une entreprise d'ingénierie et de construction. Son fondateur est né dans un petit village situé dans l'actuelle Corée du Nord. Passionné d'ingénierie, il souhaitait abandonner le monde agricole et travailler dans la construction. Malgré plusieurs tentatives infructueuses, il a réussi à quitter son village natal pour rejoindre Séoul. Chung Ju-Yung a joué un rôle important dans l'amélioration des relations intercoréennes à la fin des années 1990. Lui qui était parti en volant une vache de son village en Corée du Nord, pour financer son voyage à Séoul, en envoya 1 001 en guise de dédommagement.

♥ Scandales et corruption

Les grandes entreprises sud-coréennes, appelées **chaebol** (재벌), sont généralement tenues par une seule et même famille depuis leur création. On en compte une trentaine dans le pays. Parmi elles, les mondialement célèbres Samsung, LG, Hyundai, mais également Lotte ou SK. Elles sont présentes dans des domaines très variés et réputées pour être tentaculaires. S'il est vrai que ces grands groupes industriels ont contribué à la croissance économique de la Corée du Sud, il leur est souvent reproché d'être trop proches du pouvoir, et de se livrer à la corruption. Ainsi, le fils et le petit-fils du fondateur de Samsung ont été condamnés à des peines de prison pour avoir versé de l'argent à des hommes d'État. L'influence des grandes entreprises sud-coréennes dans les sphères politiques, économiques et culturelles est très importante et nuit à l'image du pays.

GANGNAM STYLE... VRAIMENT ?

UN QUARTIER MONDIALEMENT CONNU

Impossible de visiter Séoul sans passer par le chic et célèbre quartier de **GANGNAM** ! Il est devenu mondialement connu en 2012 quand le chanteur **PSY** a sorti sa chanson *Gangnam Style*. La vidéo a été, en 2012, la plus likée sur YouTube. Le phénomène s'est propagé dans le monde entier et on a même vu des responsables politiques reprendre la fameuse « danse du cheval ».

Qu'est-ce que le *Gangnam Style* ?

Gangnam est connu pour être l'un des quartiers les plus chers de Séoul. Les gens qui y habitent sont souvent très riches et toujours à la pointe de la mode ! Alors le *Gangnam Style*, c'est ça, un mode de vie chic et opulent, rêvé par beaucoup de Coréens. Ici, on trouve des boutiques de luxe, les sièges sociaux de nombreuses compagnies coréennes et internationales et, plus insolite... des cliniques de chirurgie esthétique !

강남 스타일... 정말?

SÉOUL, CAPITALE PALPITANTE

다섯 번째 날 — JOUR 5

💬 APGUJEONG : LE QUARTIER DE LA K-POP !

Je décide d'aller me promener à **APGUJEONG**, au nord de Gangnam. C'est un endroit célèbre pour ses boutiques de luxe, mais pas seulement! En sortant du métro, je tombe sur une statue aux allures de Psy. Me voilà sur la **K-STAR ROAD**! Des statues à l'effigie des grands groupes de K-pop se dressent tout le long de cette grande avenue : **2PM, SHINee, MISS A, SNSD, BTS, SUPER JUNIOR**... Au total, il y a **17 GANGNAMDOL**. Rien de mieux que de se prendre en photo à côté de la statue qui porte le nom de son groupe préféré! Je me laisse guider par mon instinct dans ce quartier très vivant. Les sièges des labels comme **SM ENTERTAINMENT** ou **JYP ENTERTAINMENT** sont situés aux alentours. Pas étonnant que certaines stars soient des habitués des cafés du coin qui sont aujourd'hui très fréquentés. Je décide donc de m'arrêter dans l'un d'eux...

Au pays de la chirurgie esthétique

Il n'est pas rare de voir, dans le métro ou dans la rue, d'énormes panneaux publicitaires qui vantent les prouesses de chirurgiens. La société sud-coréenne est très dure envers les femmes. Les critères de beauté sont excessivement exigeants et poussent de nombreuses Coréennes à recourir à la chirurgie esthétique. La Corée du Sud est d'ailleurs le troisième pays où l'on pratique le plus d'actes de ce type. Ce phénomène touche également les hommes. Heureusement, depuis quelques années, les choses changent et les Coréennes ont réalisé que ces diktats étaient profondément sexistes et hérités d'une société patriarcale. Tant mieux !

DANS UN BAR À CHATS

☕ UN PAYS PASSIONNÉ DE CAFÉ

S'il y a une chose que les Coréens aiment par-dessus tout, c'est bien le café ! Ici, c'est l'*americano* qui est roi ! Tout consiste à préparer un expresso et à l'allonger avec beaucoup d'eau. Suivant les saisons, on le boit chaud ou glacé. Pour en goûter un, je décide d'aller dans un bar à thème dédié aux chats.

♡ RENCONTRE AVEC LES CHATS

Quand j'arrive, je dois payer 10 000 wons, soit un peu plus de 7,30 euros. Avec cette somme, j'ai le droit de choisir la boisson que je souhaite. Évidemment, je prends un *americano* et, vu la température extérieure, je le choisis glacé ! Des jouets sont à disposition pour interagir avec les chats. Je caresse l'un d'entre eux et d'autres nous rejoignent. Je reste plus d'une heure à jouer avec ces boules de poils. Même si je n'ai croisé aucune star de K-pop, ça aura été une bonne expérience ! Finalement, je me dirige vers un autre lieu mythique de Séoul réputé pour sa gastronomie et son ambiance...

> ICI, TOUS LES CHATS SONT PROPOSÉS À L'ADOPTION, UNE BELLE INITIATIVE !

Les cafés à thème

On en trouve de toutes sortes en Corée avec leur déco consacrée au manga *One Piece*, à Hello Kitty, Sherlock Holmes, Harry Potter, etc. Mais ce qu'il y a de plus insolite, ce sont les cafés animaliers. Ceux consacrés aux chiens et aux chats ne sont pas les plus étonnants. J'ai même vu qu'il y en avait un avec des moutons et des perroquets !

고양이카페에서

SÉOUL, CAPITALE PALPITANTE

다섯 번째 날   JOUR 5

✤ UN DÎNER AU MARCHÉ GWANGJANG

C'est un lieu incontournable ! **GWANGJANG** est l'un des plus anciens marchés de Séoul, il existe depuis 1905. On y vient pour déguster les meilleurs plats locaux, préparés par des **ajummas** (아줌마), de vieilles dames. Le lieu est devenu très célèbre après un documentaire sur les plats de rue diffusé sur Netflix. Il vaut vraiment le détour ! Au-delà de l'odeur incroyable qui se dégage des allées, l'endroit est très convivial et adoré des locaux. Comme à Myeongdong, chaque stand me donne envie...

Dégustations en tout genre !

Je déambule dans les allées jusqu'à m'arrêter près d'un étal qui propose des **bindaetteok** (빈대떡), des galettes aux haricots mungos qu'on recouvre de légumes ou de viande puis qu'on frit. Je m'installe directement au comptoir pour en déguster une. Puis je continue mon aventure en enchaînant sur des **sundae** (순대), sortes de boudins coréens. Ils sont préparés avec des intestins de porc, remplis avec des nouilles de pomme de terre et du sang de porc. Pas très appétissant, et pourtant très bon ! Il faut oser, je suis ici pour l'aventure !
Je termine mon repas sur une note sucrée en achetant des **hotteok** (호떡), des pancakes très épais, généralement fourrés aux noix, à la cannelle et au miel. C'est vraiment délicieux !
Le marché **GWANGJANG** est à l'image de Séoul : profondément vivant ! Demain sera ma dernière journée dans la capitale.

ZOOM CORÉE : LE PHÉNOMÈNE K-POP

♥ Les débuts de la K-pop

Apparue dans les années 1990 avec l'influence des États-Unis et du Japon, la K-pop telle que nous la connaissons aujourd'hui a beaucoup évolué. Le premier groupe célèbre s'appelle **SEO TAIJI & BOYS**. Empruntant des sonorités au hip-hop américain, il a été repéré dans un télé-crochet sud-coréen en 1992. Si, au début, l'industrie musicale sud-coréenne vise principalement un public local, très rapidement, les maisons de disques comme **YG ENTERTAINMENT**, **JYP ENTERTAINMENT** ou **SM** exportent leurs talents vers le Japon. Les boys band ou girls band sont particulièrement appréciés à cette époque, mais des artistes solos émergent petit à petit comme **DRUNKEN TIGER** ou **BOA**.

♥ Les succès des années 2000

Avec l'arrivée d'Internet, l'industrie musicale sud-coréenne a pu s'exporter dans le monde entier. À la fin des années 2000, de grands groupes de K-pop comme **BIGBANG**, **SUPER JUNIOR**, **SNSD**, **2NE1** ou encore **SHINEE** ont rencontré un fort engouement à travers le monde. Le style K-pop est particulièrement bien pensé. Les artistes mêlent le chant à des chorégraphies élaborées et l'identité visuelle est primordiale. Il n'était pas rare de voir des groupes devenir ambassadeurs de marques sud-coréennes comme Samsung, et contribuer ainsi à leur développement. Les communautés de fans sont elles aussi particulièrement attentives aux actualités de leurs idols. À travers le temps, la K-pop s'exporte en Asie. Des concerts géants dans des stades s'organisent et, petit à petit, le phénomène touche les États-Unis.

K-POP 현상

♡ L'apogée des années 2010

En touchant le continent américain, la K-pop s'est assuré une autoroute vers le succès. Après l'incroyable buzz provoqué par **PSY** et son **GANGNAM STYLE**, on a vu des artistes sud-coréens se tourner vers le marché américain. À la fin des années 2010, de nouveaux groupes comme **BLACKPINK**, **EXO**, **RED VELVET** ou encore **BTS** ont littéralement conquis le monde entier. Les communautés de fans n'ont cessé d'augmenter. Le groupe masculin BTS est aujourd'hui le plus célèbre. En 2017, le magazine *Time* avait classés ces musiciens parmi les personnalités les plus influentes d'Internet. Ils détiennent un nombre important de records en termes de vues sur YouTube. Cette célébrité mondiale leur permet de collaborer avec de grands artistes.

♡ Dans la tourmente

L'industrie musicale sud-coréenne est souvent vivement critiquée pour être particulièrement sévère avec ses talents, qui vont parfois jusqu'au suicide. Les entraînements intensifs poussent certains artistes à la dépression, comme pour le chanteur de **SHINee**, Jonghyun, qui s'est donné la mort en 2017. En 2019 les deux chanteuses Sulli et Goo Hara se sont suicidées à deux mois d'intervalle. Il n'est pas rare non plus de voir des scandales émerger comme celui du Burning Sun en 2018 qui plongea plusieurs artistes de K-pop dans la tourmente dont **SEUNGRI**, chanteur du groupe **BIGBANG**. Ils sont notamment accusés de violences sexuelles, de mise en place d'un réseau de prostitution et de distribution de drogues.

DÉCOUVERTE DE SUWON, VILLE ANCIENNE

♡ LA FORTERESSE DE SUWON

Aujourd'hui, je pars à **SUWON**, une ville périphérique de Séoul réputée pour sa forteresse construite au XVIIIe siècle par le roi Jeongjo. Il voulait faire de Suwon la nouvelle capitale coréenne, mais en vain.

J'arrive devant le **PALAIS ROYAL DE HWASEONG** au moment où se déroule une présentation de 24 arts martiaux. Ils étaient pratiqués autrefois par les gardes pour défendre le souverain qui se réfugiait ici en période de guerre. La démonstration est impressionnante ! Des gardes tranchent des objets à la vitesse de l'éclair tandis que d'autres montrent leurs techniques de combat à mains nues.

✌ LE PAYS DU TIR À L'ARC

JE RATE MA CIBLE AU PREMIER TIR, MAIS JE PARVIENS À LA TOUCHER À LA SECONDE VOLÉE ! YOUPI !

Je passe la **PORTE HWAHONG**, celle du nord, qui traverse la rivière de Suwon. À quelques pas d'ici, on peut tester une activité bien connue : le tir à l'arc ! Les Coréens sont de grands champions dans ce sport, pratiqué depuis plusieurs siècles. Mais autrefois, la forme de l'arc était plus recourbée et les archers utilisaient des flèches à plumes pour défendre les forteresses. Aujourd'hui, c'est à mon tour d'essayer !

Pour ma dernière soirée à Séoul, Jesper, Jonathan et Sara de la *guesthouse* m'invitent dans le quartier de **DONGDAEMUN** pour m'initier au karaoké, une véritable institution ici !

SÉOUL, CAPITALE PALPITANTE
JOUR 6

SOIRÉE ENDIABLÉE AU KARAOKÉ

Jonathan nous attend devant le karaoké qu'on appelle ici **norae bang** (노래방), littéralement « pièce pour chanter ». Un serveur nous accueille et nous guide dans une pièce où virevoltent des lumières de toutes les couleurs. Jesper commande des boissons et des snacks tandis que Jonathan me montre comment utiliser la télécommande qui permet de sélectionner les morceaux et de faire ses choix. Il y a un catalogue de folie : des chansons coréennes, japonaises, chinoises, en anglais et même en français !

> JE PASSE UNE SOIRÉE MÉMORABLE AVEC MES HÔTES. JESPER, JONATHAN ET SARA ONT MARQUÉ MON SÉJOUR À SÉOUL. JE SUIS SORTIE DU KARAOKÉ AVEC LA VOIX CASSÉE, TELLEMENT NOUS AVONS CHANTÉ ET RI !

Le quartier design de Dongdaemun

C'est une destination phare à Séoul ! Conçu par l'architecte Zaha Hadid, le **DONGDAEMUN DESIGN PLAZA** est l'endroit où se retrouvent tous les fashionistas pendant la semaine de la mode. C'est un grand complexe multifonction dont l'architecture futuriste donne l'impression qu'un vaisseau spatial s'est posé au milieu de la ville.

ZOOM CORÉE

LITTÉRATURE ET CINÉMA

♡ L'engagement des écrivains

La littérature sud-coréenne s'est fait connaître au début des années 1990, période qui coïncide avec les mouvements de démocratisation de la fin des années 1980. Entre 1961 et 1988, le pays était en effet sous la main de gouvernements militaires particulièrement autoritaires. Les écrivains sud-coréens se sont emparés de ces évènements majeurs de leur histoire pour écrire des livres militants. Les romans de Yi Munyol, Choe Yun, Hwang Sok-yong ou Yi Chong-jun sont aujourd'hui célèbres et traduits dans plusieurs dizaines de langues.

♡ Les manhwa

Le **manhwa** (만화) est le nom donné à la bande dessinée coréenne, qui existe depuis le Xe siècle. Ce style s'est beaucoup développé au XXe siècle sous l'influence des mangas japonais. Il existe plusieurs genres de *manhwa* : pour les jeunes garçons, pour les jeunes filles, pour adolescents, etc. Parmi les plus célèbres on trouve **The Breaker** de Keuk-Jin Jeon ou **Solo Leveling** de Chu-Gong.

♡ Les webtoons

À l'air du numérique, s'il y a un style qui s'est énormément développé, c'est bien celui des **webtoons** (웹툰). Ces *manhwa* en format numérique connaissent depuis plusieurs années un succès incroyable en Corée, mais pas seulement ! De grandes plateformes coréennes comme Naver ou Daum se sont mises à mettre en ligne gratuitement chaque semaine de nouveaux numéros. Le format du *webtoon* est lui-même particulier puisqu'il peut être lu

문학과 영화

sur téléphone. L'engouement est tel que, depuis la fin des années 2010, des *webtoons* sont adaptés en *dramas* et diffusés dans le monde entier. Ainsi, **Love Alarm** est une adaptation de **Ringing If You Like** de Chon Kye-young et **Itaewon Class** de Jo Gwang-jin est diffusé sur Netflix.

♡ Les *dramas* sud-coréens

Les **dramas** (드라마) se sont beaucoup développés en Corée du Sud dans les années 2000. Ils sont très appréciés dans le pays et passent sur les principales chaînes de télévision. Ils ont aussi été diffusés en Asie et, plus récemment dans les pays occidentaux. **Secret Garden** et **Boys Over Flowers**, sortis à la fin des années 2000, ont connu un succès phénoménal. Plus récemment, avec la diffusion et la production de *dramas* par Netflix, leur audience ne fait que progresser grâce, en particulier, à **Crash Landing on You** ou encore **Kingdom**.

♡ Le cinéma sud-coréen

Comme la littérature, le cinéma sud-coréen se développe au début des années 1990 et connaît un pic de popularité à la fin des années 2000. Il se veut souvent ultraréaliste, reflétant la société de manière violente. Park Chan-wook, réalisateur de **Joint Security Area**, **Old Boy**, ou encore **Mademoiselle** fait partie de la nouvelle vague sud-coréenne et a grandement participé à l'essor du cinéma. Bong Joon-ho est, lui aussi, devenu mondialement connu grâce à ses films **The Host**, **Okja** ou **Parasite**, récompensé aux Oscars et au Festival de Cannes.

AU REVOIR SÉOUL...

제 2 장

♡ CAP AU SUD !

Mon séjour à Séoul prend fin aujourd'hui. Je pars découvrir d'autres villes coréennes. L'avantage ici, c'est que les environs sont très faciles d'accès grâce à un réseau de bus efficace et peu cher ! En plus, le confort est maximal. C'est donc plutôt sympa de voyager ainsi. Ça me permettra aussi de voir de nouveaux paysages !

La première ville de province que je vais visiter est à moins de 3 heures de Séoul. C'est **JEONJU**, la capitale de la province du Jeolla du Nord. Je suis partie tôt le matin en remerciant chaleureusement Jonathan et Jesper pour leur accueil. En route ! Direction le terminal de bus express de Séoul. Je profite du trajet pour en apprendre davantage sur la géographie sud-coréenne...

Un peu de géographie ?

La Corée du Sud est divisée en 9 provinces qu'on appelle *do* (도) : **GYEONGGI, GANGWON, CHUNGCHEONG DU NORD, CHUNGCHEONG DU SUD, JEOLLA DU NORD, JEOLLA DU SUD, GYEONGSANG DU NORD, GYEONGSANG DU SUD** et **JEJU**. Séoul, la capitale, a un statut particulier, celui de « ville spéciale ». Enfin, il y a 6 villes métropolitaines : Busan, Incheon, Gwangju, Ulsan, Daejeon et Daegu.

서울 안녕!

JEONJU, VILLE TRADITIONNELLE
일곱 번째 날 — JOUR 7

 BONJOUR JEONJU !

J'ai hâte de découvrir cette nouvelle ville ! Jeonju est connue pour son **bibimbap** (비빔밥), un plat à base de riz, de viande et de légumes (que je compte goûter dès ce soir !) et pour son magnifique village traditionnel. C'est d'ailleurs là que se trouve mon hôtel. Il me tarde de dormir dans un **hanok**.

HANOK — 한옥

UNE NUIT À LA CORÉENNE

Ma chambre donne sur le jardin, la pièce est très lumineuse et procure une sensation d'apaisement. Ce soir, je dors à la coréenne, allongée directement sur un **yo** (요). Le système de chauffage par le sol appelé **ondol** (온돌) me garantit de passer une bonne nuit ! Mais avant ça, allons goûter le fameux *bibimbap* de Jeonju !

Les jarres en terre cuite

Je me présente à la réception et mon hôte me fait une visite guidée du lieu. Dehors, il y a de grandes jarres en terre cuite qu'on appelle **onggi** (옹기). Elles servent à conserver les aliments et à les faire fermenter. C'est notamment dans les **onggi** qu'on fabrique la pâte de piment et le *kimchi*. Ces jarres sont traditionnellement placées sur les terrasses de maisons baptisées **jangdokdae** (장독대).

ONGGI — 옹기

DÉLICIEUX BIBIMBAP DE JEONJU

제2장

La recette locale

Ici, à Jeonju, on cuit le riz dans un bouillon à base de poitrine de bœuf. Les garnitures traditionnelles sont généralement un tartare de bœuf, appelé *yukhoe* (육회), de la pâte de piment mélangée à du bœuf frit, et un jaune d'œuf cru au centre. Suivant les saisons, les légumes varient. On peut garnir le plat avec du concombre, des carottes, du radis, des pousses de soja, des épinards, etc.

LE PLAT PHARE DE LA VILLE

C'est une spécialité coréenne que je ne pouvais pas rater en venant ici ! Le **bibimbap**, littéralement « riz mélangé », est un plat très populaire dans tout le pays. Chaque région possède sa façon de le préparer et ce n'est pas aussi simple que ça en a l'air !

On commence par placer du riz dans le fond d'un bol et, par-dessus, on dispose de la viande et des légumes. Comme les peintures qui recouvrent les monastères et palais coréens, les 5 couleurs du *bibimbap* doivent être équilibrées et suggérer l'harmonie. On peut donc créer une infinité de *bibimbap* avec ces ingrédients.
Je décide de terminer ma journée par une balade nocturne dans les ruelles de la ville. Je verrai bien ce que je peux y découvrir !

맛있는 전주비빔밥

JEONJU, VILLE TRADITIONNELLE

일곱 번째 날 JOUR 7

♡ BALADE DIGESTIVE

Jeonju est très différente de Séoul, déjà parce que c'est une ville de moindre taille. Il y a plus de 600 000 habitants, mais le centre est assez petit. On ne voit pas vraiment de grands immeubles ultramodernes, c'est une ville à échelle humaine. En me promenant, je tombe sur un édifice religieux familier : une cathédrale ! C'est celle de **JEONDONG**, construite en 1914. Elle tranche totalement avec le style architectural coréen et, devinez quoi, c'est un prêtre français, François-Xavier Baudounet, qui l'a fait construire !

Le dessert coréen

La nuit est calme à Jeonju, contrairement à Séoul qui semble ne jamais dormir. Sur le chemin du retour, je m'arrête prendre un *bingsu* (빙수), un dessert préparé à base de glace pilée très finement, qui ressemble à de la neige. On y ajoute du lait concentré et, traditionnellement, on place une pâte de haricots rouges sucrée par-dessus. Le tout forme le ***patbingsu*** (팥빙수). Aujourd'hui, on en trouve de toutes sortes : à la fraise, à la pastèque, à la mangue, au thé vert, etc. C'est donc avec le ventre bien rempli que je vais me coucher...

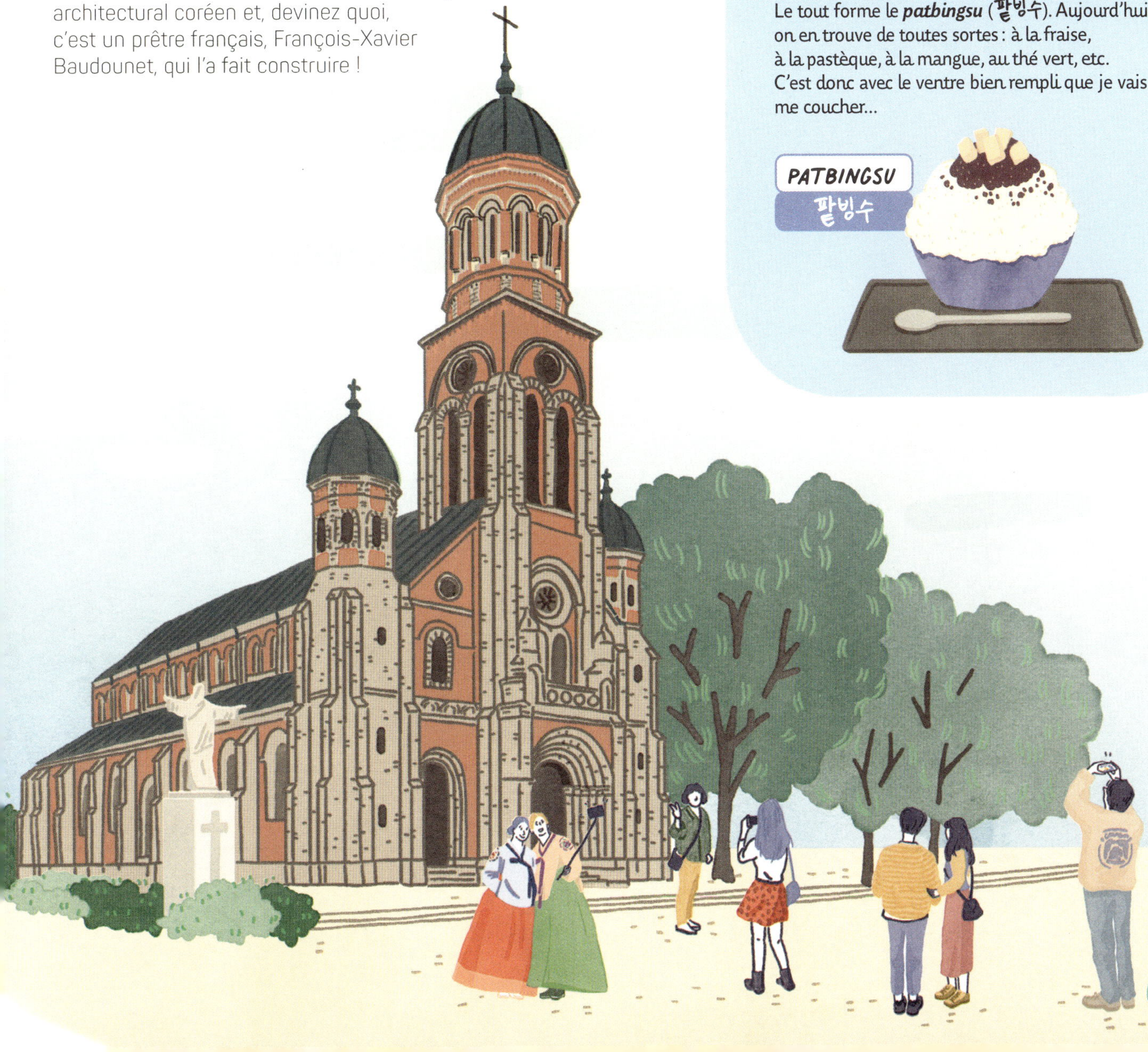

PATBINGSU
팥빙수

IMMERSION TOTALE À JEONJU !

TOUT LE MONDE PREND DES PHOTOS À L'ENTRÉE DU SANCTUAIRE.

♡ ATTENTION AUX VOIES SACRÉES !

Ce matin, je suis en pleine forme et prête à arpenter les rues de Jeonju ! Mes hôtes m'ont conseillé de visiter le **GYEONGGIJEON** (경기전), un sanctuaire situé à deux pas d'ici et construit en 1410 pendant la période Joseon. Il a été partiellement détruit pendant les invasions japonaises du XVIe siècle, puis reconstruit en 1614. Dans ce lieu est conservé un portrait du roi Taejo, mais pour le voir, attention où on met les pieds !

Au centre du sanctuaire se trouve une allée sur laquelle il est interdit de marcher. Cette voie en pavés, appelée **sindo** (신도), est réservée aux esprits et non aux simples mortels ! Je dois donc emprunter le chemin de gauche ou de droite pour découvrir le tableau du souverain. Il est représenté sur une chaise en habit traditionnel bleu orné de broderies dorées, et coiffé d'une couronne royale. D'autres portraits de rois sont également exposés. C'est un lieu chargé d'histoire, où j'apprends beaucoup sur la période ancienne. Et je décide de ne pas m'arrêter là !

전주에 푹 빠진다

JEONJU, VILLE TRADITIONNELLE
여덟 번째 날 — JOUR 8

TOUR DE LA VILLE EN HANBOK

Comme lors de ma visite au palais Gyeongbok, à Séoul, je remarque que beaucoup de touristes coréens et étrangers se prêtent au jeu et louent des habits traditionnels pour faire quelques photos dans ce décor incroyable. Il y a des boutiques de location un peu partout. Je décide donc de me lancer et d'aller choisir un beau *hanbok* (한복). Je me balade au milieu des *hanok*, j'imagine que cela devait être bien différent il y a quelques siècles, mais je suis ravie de voir à quel point les Coréens admirent leur culture ancienne !

C'EST IMPRESSIONNANT DE SE RETROUVER DANS CET HABIT QUE JE TROUVE SPLENDIDE !

Composition du *hanbok*

Celui pour femme est composé de plusieurs éléments : en haut, on porte une veste courte à manches longues appelée *jeogori*, où sont généralement brodés de fins détails. Historiquement, ils représentent les vœux de celle qui la porte. La veste se ferme à l'aide de 2 longs rubans qui forment un nœud et qu'on appelle *otgoreum*. La technique pour nouer les 2 rubans n'est pas simple. Heureusement qu'on m'aide ! En bas, j'enfile une longue robe, une *chima*, dont la partie inférieure est brodée de motifs traditionnels, et des *danghye*, des chaussures ornées de broderies. La vendeuse me donne 2 accessoires à placer dans mes cheveux, un *binyeo* et un *norigae*, des nœuds de fils à mettre sur la robe.
Pour les hommes, le costume est plus simple. Il se compose d'une veste similaire à celle des femmes. Par temps froid, ils se couvrent d'un *durumagi*, un manteau à manches longues. En bas, ils portent un pantalon, *paji*. Leur tenue peut être agrémentée par un chapeau noir appelé *gat*. Les chaussures pour hommes s'appellent *taesahye*.

LA CORÉE EN 5 ÉLÉMENTS

♥ Mythe de Tangun

La légende raconte que le père de Tangun, **Hwanung** (환웅), le roi du Ciel, est descendu sur terre avec ses 3 000 disciples pour aider les hommes. Il a fondé la « Cité de Dieu », **sinsi** (신시), au sommet du mont Paektu. Un jour, un tigre et une ourse sont venus le supplier de les transformer en humains. Hwanung leur a donné de l'ail et de l'armoise et ordonné de rester dans une grotte et de se nourrir uniquement de ce qu'il leur avait fourni. Affamé, le tigre abandonne. L'ourse, quant à elle, réussit l'épreuve et put devenir **Ungnyeo** (웅녀), la femme ourse. Hwanung l'épouse et lui donne un fils, **Tangun** (단군). Celui-ci fonda Gojoseon en 2333 avant notre ère, considéré comme le premier royaume coréen.

♥ Arirang

Chanson traditionnelle par excellence, **Arirang** est connue de tous les Coréens, qu'ils soient du Nord ou du Sud. Très simple, la chanson est composée d'un refrain et de deux couplets. Si le refrain reste inchangé, les deux couplets, eux, varient d'une région à l'autre. Les mélodies diffèrent également en fonction des versions. Ce chant lyrique, typiquement coréen, est inscrit au patrimoine culturel immatériel de l'UNESCO.

♥ Céladons

Il existe en Corée plusieurs types de céramiques, mais les céladons de Goryeo sont les plus connus.

한국을 대표하는 다섯 가지

En coréen, on les nomme **cheongja** (청자). Ils sont fabriqués à base d'argile puis glacés à l'oxyde de fer. C'est pendant la cuisson que la porcelaine prend cette couleur verte si particulière. Parmi les plus célèbres, on trouve les **maebyeong** (매병), les « vases à prunes », dont le haut est plus large que la base. Parfois, les céladons sont ornés de dessins, par exemple des grues blanches.

🩷 Mugunghwa

Littéralement « fleur de l'éternité », l'althéa est l'un des symboles nationaux. Il est présent dans l'hymne national coréen **aegukga** (애국가), et sur plusieurs emblèmes comme celui de la présidence. Ses fleurs éclosent le matin et fanent le soir, mais chaque jour, il en pousse de nouvelles.

🩷 Drapeau national

Appelé **taegeukgi** (태극기), le drapeau sud-coréen a été créé à la fin du XIXᵉ siècle, alors que le pays n'était pas encore divisé. Puis, lorsque la Corée du Sud a été fondée, il a été officiellement adopté en 1949. Le cercle du milieu rappelle l'harmonie de l'univers avec, en bleu, le yin, **eum** (음) en coréen, symbole de la terre et des forces féminines. Le rouge représente le **yang** (양), symbole du ciel et des forces masculines. Autour du cercle se trouvent 4 des 8 trigrammes, des signes composés de 3 caractères empruntés au taoïsme et représentant les 4 points cardinaux.

DIRECTION GYEONGJU !

♡ CAPITALE DU ROYAUME SILLA

Retour à la gare de Jeonju pour prendre un bus en direction de **GYEONGJU**, une ville du Gyeongsang du Nord, située à presque 3 heures 30 de route d'ici. Gyeongju est l'ancienne capitale du royaume de Silla, qui a duré de 57 avant notre ère jusqu'en 935. Cette ville est aujourd'hui réputée pour ses monuments historiques, certains sont classés au patrimoine mondial de l'UNESCO. Il me tarde de la découvrir ! C'est encore plus petit que Jeonju, un peu plus de 250 000 habitants. J'arrive à la gare routière de Gyeongju, ornée d'un toit traditionnel en sifflet. Mon hôtel n'est pas très loin, alors je décide de marcher. Les rues sont aussi très calmes ici. Il y a quantité de petits commerces et de cafés. Au bout de la rue, j'aperçois une grande colline… Mais qu'est-ce que c'est ?

J'ADMIRE LE SOLEIL SE COUCHER, JE ME LAISSE BERCER PAR LA MUSIQUE, ET REJOINS MON HÔTEL POUR ME REPOSER DEMAIN, UNE LONGUE JOURNÉE M'ATTEND…

경주로 가자 !

GYEONGJU, CAPITALE DE SILLA

아홉 번째 날 — JOUR 9

UNE NUIT PRÈS DES TOMBES ROYALES

Je m'approche, captivée par ces collines placées en plein milieu de la ville. Ce sont en fait des tumulus, des tombes de rois ou de nobles, qui datent de la période de Silla. L'atmosphère au soleil couchant est très agréable. Tout près du parc, je repère une boulangerie qui propose des **gyeongju ppang** (경주 빵). La vendeuse m'explique que ce sont des petits pains, semblables à des minipancakes fourrés à la pâte de haricots rouges. Convaincue, je lui en prends une demi-douzaine et pars les déguster dans le parc. Des haut-parleurs dissimulés diffusent une musique traditionnelle...

Le *pansori*, l'art du chant coréen

J'entends une femme chanter de manière dramatique, et un tambour l'accompagne. Je n'ai jamais rien entendu de pareil. C'est du *pansori* (판소리) ! Cet art complexe, qui mêle chant et théâtre, existe en Corée depuis le XVIIe siècle. Il est pratiqué par un soliste, homme ou femme suivant les écoles, accompagné par un joueur de tambour. Au départ, il mettait en scène 12 histoires traditionnelles, mais seulement 5 ont subsisté jusqu'à aujourd'hui. Un spectacle peut durer plusieurs heures mais bien souvent, ils sont écourtés.

제3장 DE L'HISTOIRE... TOUJOURS PLUS D'HISTOIRE !

♡ TOUR DE LA VILLE À VÉLO !

Encore une belle journée ! Je suis reposée et prête à vivre de nouvelles aventures ! Aujourd'hui, j'ai prévu une grande balade dans le cœur historique. Et pour ça, rien de mieux que le vélo ! Le loueur me conseille un itinéraire pour visiter les reliques de la ville. Je pars sans plus attendre à la découverte du patrimoine coréen. Je commence par l'observatoire, **cheomseongdae** (첨성대), construit au VIIe siècle. Incroyable ! C'est le plus ancien d'Asie ! Il en existe d'autres à travers le pays dont un en Corée du Nord. Je poursuis mon escapade au milieu d'un champ de lotus et de cosmos avant d'arriver à la tombe du roi Naemul de Silla. À Gyeongju aussi il y a un village traditionnel et, d'après le loueur de vélos, il vaut le détour…

Pont Weoljeong

Après avoir fait le tour du village traditionnel, je me rends près de la rivière Nam. Le pont Weoljeong (월정교), en bois peint, mesure 60 mètres de long. De chaque côté ont été construits des pavillons magnifiques. On raconte qu'il permettait de relier la ville de Gyeongju au palais de l'Est, **dongung** (동궁), que je pars visiter sans plus attendre.

역사... 또 역사 !

GYEONGJU, CAPITALE DE SILLA

열 번째 날 — JOUR 10

❋ COUCHER DE SOLEIL AU PALAIS DE L'EST

S'il y a un endroit où il faut être à Gyeongju quand la nuit tombe, c'est bien le **PALAIS DE L'EST** au bord de **L'ÉTANG DE LA LUNE** (월지). Le palais de l'Est a été construit en 679 à l'écart du palais royal de Gyeongju. C'était le lieu de réception des ambassadeurs étrangers en voyage dans le royaume de Silla. Il y règne une atmosphère particulière. Les Coréens ont aussi l'air d'apprécier leur patrimoine puisqu'ils sont nombreux à visiter cet endroit.

Mon voyage se déroule comme prévu et il va même au-delà de mes espérances ! J'apprends chaque jour un peu plus sur ce pays qui me passionne. Demain sera ma dernière journée de visite à Gyeongju avant de reprendre la route du Sud !

Un point d'eau millénaire

Le ***samguk sagi*** (삼국사기), les chroniques historiques coréennes, nous apprend que c'est durant l'ère du roi Munmu que cette étendue d'eau a été créée en 674.

LES DERNIERS RAYONS DE SOLEIL INONDENT CE LIEU PLEIN DE MYSTÈRE. JE SUIS TOUJOURS AUTANT FASCINÉE PAR LE BOIS PEINT DES BÂTIMENTS ANCIENS.

제 3 장 EN ROUTE POUR LE MONASTÈRE BULGUK

♡ UN LIEU HORS DU TEMPS

Dernier jour ! Aujourd'hui, je pars visiter un lieu mythique, passage obligatoire pour toute personne qui se rend à Gyeongju. Cette capitale antique me réserve encore quelques surprises. Pour ça, direction la gare routière ! Je vais rejoindre la **MONTAGNE TOHAM** où sont nichés le monastère bouddhiste **BULGUK** (불국사) et la grotte **SEOKGURAM** (석굴암), tous deux inscrits au patrimoine mondial de l'UNESCO. Le monastère, construit au VIIIᵉ siècle, a été entièrement détruit lors des invasions japonaises du XVIᵉ siècle. Seules les fondations en pierre sont restées. Ce n'est qu'à la fin du XXᵉ siècle qu'il a été reconstruit. J'ai hâte de découvrir ce lieu !

Je passe sous la porte des Quatre Rois célestes qui représentent les 4 points cardinaux. Leurs statues en bois peint aux couleurs chatoyantes se trouvent de chaque côté.

☺ À L'INTÉRIEUR DU TEMPLE

J'entre dans la cour et découvre deux pagodes de la période Silla, **dabotap** (다보탑) et **seokgatap** (석가탑). En poursuivant ma visite, j'aperçois la statue d'un bouddha doré. Dans la pièce, des personnes prient, brûlent de l'encens et font des offrandes. L'endroit est sacré et je me dois de le respecter.

J'ARRIVE FACE AU MONASTÈRE AUQUEL LES FONDATIONS EN PIERRE DONNENT BEAUCOUP DE CARACTÈRE.

불국사로 가자

GYEONGJU, CAPITALE DE SILLA
열한번째 날 — JOUR 11

✌️ ASCENSION JUSQU'À LA GROTTE SEOKGURAM

Cette visite du monastère m'a donné l'impression de plonger dans la Corée du VIIIe siècle ! Un peu plus haut se trouve la grotte de **SEOKGURAM** qui date elle aussi du VIIIe siècle. Pour la visiter, il faut parcourir une longue allée en terre au milieu de la montagne.

LA VUE EST SAISISSANTE ! DES LANTERNES EN PAPIER DE TOUTES LES COULEURS JALONNENT LE PARCOURS. ARRIVÉE AU BOUT, J'ENTRE DANS UNE COUR LUMINEUSE.

❋ L'IMPOSANTE STATUE DE BOUDDHA

C'est là que se trouve la grotte artificielle creusée à même le granit. J'entre dans une antichambre dont les Rois célestes protègent l'entrée. Au centre trône une immense statue du bouddha **SAKYAMUNI**. Des bas-reliefs représentent ses disciples. Et, tout autour, on peut admirer des statues de bodhisattvas placées dans des niches.

Ces trois jours à Gyeongju ont été ressourçants ! Le temps est passé à toute vitesse, mais je quitte la ville avec plein de souvenirs et l'impression d'en avoir beaucoup appris sur la Corée. Demain matin, je pars pour la seconde ville de Corée, Busan !

Qu'est-ce qu'un *bodhisattva* ?

On trouve ici plusieurs pavillons consacrés à des bodhisattvas. Selon la religion bouddhiste, ces êtres sont presque devenus des bouddhas, mais ont préféré s'arrêter avant pour rester dans notre monde et sauver les hommes. Les peintures et les charpentes complexes en bois démontrent la magnificence de l'art bouddhique coréen.

LA CORÉE DU NORD

ZOOM CORÉE

♡ L'occupation japonaise et la division

De 1910 à 1945, la péninsule coréenne a été occupée par le Japon. Au lendemain de la Seconde Guerre mondiale, l'empire japonais a capitulé. Les États-Unis et l'Union soviétique ont alors décidé de se partager le territoire coréen. Ils ont tracé une frontière au niveau du 38e parallèle. Trois ans plus tard, le 15 août 1948, la République de Corée, la Corée du Sud, a été créée avec, à sa tête, le président Yi Sung-man. Quelques semaines plus tard, le 9 septembre 1948, la République populaire et démocratique de Corée, ou Corée du Nord, a vu le jour, présidée par Kim Il Sung.

♡ La guerre de Corée et ses conséquences

Deux États étaient désormais établis, avec deux gouvernements totalement opposés. Au Sud, le modèle des États-Unis avait été encouragé, tandis qu'au Nord, c'est le modèle communiste soviétique qui avait été choisi. Le 25 juin 1950, des troupes de l'armée nord-coréenne franchirent le 38e parallèle. En septembre, la Corée du Nord occupait presque entièrement le territoire du sud. Pour contre-attaquer, des forces armées étrangères ont été appelées : notamment l'armée américaine et celle de l'ONU, dont des troupes françaises. Cette intervention a fait reculer le front jusqu'aux confins de la péninsule. Le soutien des armées chinoises et soviétiques a permis à la Corée du Nord de reprendre Séoul en 1951.

북한

Puis le front s'est stabilisé et l'armistice a été prononcé le 27 juillet 1953 à **PANMUNJEOM**, ville frontalière. Les deux capitales, **SÉOUL** et **PYONGYANG** ont été presque entièrement détruites. On estime que la guerre a coûté la vie à plus de 2 millions de civils. Aujourd'hui, aucun traité de paix n'existe entre les deux pays et certaines familles sont encore séparées par la frontière.

♡ La famille Kim

La Corée du Nord est un régime autoritaire tenu par une seule famille : les Kim. Son fondateur est Kim Il Sung, considéré comme le père de la patrie. Son image est sacrée. Lorsqu'il meurt, en 1994, c'est son fils, Kim Jong Il, qui prend la tête du pouvoir. Dans chaque logement, bâtiment ou institution nord-coréenne, on trouve son portrait à côté de celui de son père Kim Il Sung. Ils apparaissent aussi sur les pins que chaque citoyen nord-coréen porte sur la poitrine. Depuis la mort de Kim Jong Il en décembre 2011, c'est son fils, Kim Jong Un, qui dirige aujourd'hui le pays.

♡ Les relations intercoréennes

Il n'est toujours pas possible pour les Coréens de voyager de part et d'autre de la frontière. Néanmoins, depuis 1998, un dialogue a été établi entre les deux États. C'est le président Kim Dae-jung, qui a instauré cette « politique du rayon de soleil » et rencontré Kim Jong Il à Pyongyang, en 2000. Sous la présidence de Roh Moo-hyun, cette politique s'est poursuivie jusqu'en 2008. En 2018, le président sud-coréen Moon Jae-in a visité Pyongyang. Aujourd'hui, les relations intercoréennes sont de nouveau mises en suspens.

EN AVANT POUR BUSAN !

제4장

♡ RETOUR À LA CIVILISATION !

Départ ce matin pour la seconde plus grande ville de Corée : **BUSAN** ! C'est une cité portuaire située au sud du pays. Retour à la vie citadine ! Après quelques jours à vadrouiller dans des agglomérations de taille moyenne, me revoilà au milieu du vacarme. Busan est étonnante. Il paraît qu'on y mange de délicieux fruits de mer et que le poisson cru y est particulièrement bon. Pour rejoindre la ville en bus depuis Gyeongju, on ne met qu'une heure ! Juste le temps pour moi de faire une petite sieste...

☺ L'EFFERVESCENCE DE LA VILLE

Ah ! De hautes tours d'immeubles, du bruit, des klaxons, de la foule ! Me revoilà en centre-ville ! Ici, il fait plus chaud et plus humide qu'au nord de la Corée et pourtant, il est encore tôt. J'ai réservé une *guesthouse* en bord de mer, dans le quartier de **HAEUNDAE**. Direction le métro, qui ressemble beaucoup à celui de Séoul. Je suis donc habituée et me repère très facilement !

L'endroit où je dors ressemble davantage à une auberge de jeunesse. Je m'installe dans un grand dortoir pour filles et découvre mon nouvel environnement. Il y a évidemment une salle commune avec la télévision, des livres et tout le confort nécessaire, mais aussi une grande cuisine où chacun peut se préparer à manger. Avant de sortir visiter les alentours, je décide d'enfiler une tenue estivale.

부산으로!

BUSAN, LA STATION BALNÉAIRE

열두 번째 날   JOUR 12

 L'AIR MARIN DE LA PLAGE DE HAEUNDAE

Le quartier est très animé ! Il y a des centaines de commerces, de restaurants… Je vais avoir de quoi m'amuser le temps de mon séjour. Toute l'avenue qui mène à la mer est semi-piétonne, ce qui rend l'endroit encore plus agréable !

J'ai entendu dire que la **PLAGE DE HAEUNDAE** est la plus longue du pays ! Mais surtout, qu'est-ce qu'elle est fréquentée ! Durant la journée, les locations de bouées et parasols occupent presque tout l'espace. Il semblerait qu'ici s'organisent beaucoup d'activités et d'événements pendant la période estivale. De l'autre côté de la plage, presque au bord de l'eau, il y a trois immenses tours d'habitation, dont l'une de 101 étages ! Je marche le long du rivage, observe ce paysage incroyable tout en me dirigeant vers **L'ÎLE DONGBAEK**…

Les dialectes coréens

En tendant l'oreille, je m'aperçois que les gens d'ici ont des intonations différentes. Et pour cause ! Dans ce pays, il existe plusieurs dialectes qu'on appelle *saturi* (사투리). On en compte 6 en Corée du Sud, mais il peut y avoir de légères différences suivant les villes où l'on se trouve. Même si, aujourd'hui, la langue coréenne s'est alignée sur le parler de Séoul, les Coréens utilisent encore avec fierté le dialecte des régions dont ils sont originaires.

BUSAN EST UNE VILLE APPRÉCIÉE DES CORÉENS PENDANT L'ÉTÉ. LA GRANDE PLAGE DE HAEUNDAE PROPOSE BEAUCOUP D'ACTIVITÉS. JE VAIS POUVOIR M'AMUSER !

PROMENADE SUR L'ÎLE DONGBAEK

제 4 장

♡ LA LÉGENDE DE LA PRINCESSE HWANGOK

Je m'engouffre dans un chemin bordé de pins où chantent les cigales. J'entends le bruit des vagues qui se fracassent contre les rochers. D'ici, on se rend compte à quel point la plage est longue ! J'aperçois une statue au bord de l'eau. Il s'agit de la **princesse Hwangok**. Selon la légende, elle serait originaire d'un royaume sous-marin et se serait mariée au prince Eunhye, de **L'ÎLE DONGBAEK**. Malheureusement, Hwangok était triste de ne pas pouvoir retourner parmi les siens. Une nuit, alors qu'elle tenait un morceau de marbre entre les mains, le reflet de son royaume chéri apparut à la surface de l'eau. Dès lors, elle fut changée en sirène et put rejoindre les siens.

CET ENDROIT EST IDYLLIQUE ET LA VUE SUR HAEUNDAE EST IMPRESSIONNANTE.

Les figures de Busan

Je poursuis ma promenade sur cette île mystérieuse. J'arrive sur une place où trône une nouvelle statue. C'est celle de **CHOE CHIWON**, le célèbre poète coréen du IXe siècle. Le nom de la plage de Haeundae viendrait de lui car ses poèmes étaient généralement signés sous le pseudonyme « Haeun ».

En arrivant sur l'autre versant de l'île, j'aperçois le pont Gwangan. Il est très réputé pour ses illuminations de nuit. Sans plus attendre, je termine mon tour de l'île et rejoins le métro, direction Gwangalli !

동백섬 산책

BUSAN, LA STATION BALNÉAIRE
열두 번째 날   JOUR 12

LES ILLUMINATIONS DU PONT GWANGAN

Ah ! Une plage de sable fin, le soleil qui se couche sur l'horizon et le fameux **PONT GWANGAN**. Il mesure plus de 7 kilomètres de long et les Coréens ont pour habitude de se retrouver sur la plage de Gwangalli pour admirer les illuminations. À la nuit tombée, les hautes tours d'immeubles resplendissent et le pont se couvre de mille et une couleurs. Du bleu, du vert, du rose, du jaune, du violet, c'est incroyable ! Les lumières se reflètent à la surface de la mer et rendent l'atmosphère particulièrement romantique. Par chance, ce soir, il y a un festival de feux d'artifices ! Il n'y a pas à dire, ici, la vie est douce... Demain, je pars à la découverte d'une des spécialités culinaires de Busan : le poisson cru !

LES SITES CÉLÈBRES DE BUSAN

제 4 장

♡ LE PLUS GRAND MARCHÉ AUX POISSONS

Comment visiter Busan sans aller au **MARCHÉ AUX POISSONS DE JAGALCHI** ? Ce n'est pas un simple marché, c'est une expérience à part entière. Je ne saurais dire combien d'espèces de crustacés, de coquillages, d'algues et de poissons se trouvent sur ces étals gigantesques.

LES STARS DU MARCHÉ

Ici, les stars, ce ne sont pas seulement les pieuvres et les coquillages, mais aussi les **ajummas** (아줌마). Ce terme désigne généralement les femmes nées dans les années 1950. Au marché de **JAGALCHI**, ce sont elles qui tiennent la majorité des stands. On les reconnaît à leur permanente et leur caractère bien trempé ! Il y a une ambiance particulière ici, c'est frénétique ! Et si je commençais la dégustation ?

부산의 볼만한 곳

BUSAN, LA STATION BALNÉAIRE
열세 번째 날 — JOUR 13

Un monastère bouddhiste au bord de mer

Situé à l'ouest de la ville, **HAEDONG YONGGUNGSA** (해동 용궁사) est construit au bord de l'eau et non en montagne, comme c'est le cas habituellement. Pour l'atteindre, je traverse une allée où sont alignées 12 statues de pierre représentant les 12 signes du zodiaque chinois. Après ça, je dois gravir 108 marches, un nombre sacré dans la religion bouddhiste. Le lieu est à couper le souffle et la vue sur la mer est unique !

Le bâtiment principal possède une charpente de bois impressionnante avec des sculptures de dragons colorées. Plus haut se trouve la statue d'une déesse protectrice de la mer. De petits haut-parleurs dissimulés un peu partout égrènent des prières bouddhiques. C'est une belle découverte ! Il me tarde de voir ce que Busan me réserve encore...

 ## EXPÉRIENCES CULINAIRES

Du poulpe cru ? C'est probablement le plat le plus intrigant que j'ai jamais goûté. On me sert des tentacules avec un filet d'huile de sésame, mais ils gesticulent dans tous les sens dans mon assiette ! Pas de panique, le poulpe est bien mort, ce sont ses nerfs qui provoquent cette réaction particulière. Je suis invitée à bien mâcher pour ne pas m'étouffer.

Après cette expérience déroutante, je décide de me tourner vers un plat que je connais mieux : une soupe épicée au poisson. Généralement, elle est préparée avec les restes des poissons, ce qui permet de donner un goût très puissant au bouillon et de ne rien gâcher. On peut y ajouter des crustacés comme des moules ou des palourdes pour en renforcer la saveur.

C'est avec le ventre bien rempli que je poursuis ma journée à Busan. Il est dit qu'ici, se trouve un monastère bouddhiste très particulier...

DERNIER JOUR À BUSAN

♡ LE MACHU PICCHU SUD-CORÉEN

Aujourd'hui, je prévois de me perdre dans les ruelles étroites du village culturel de **GAMCHEON**, à l'ouest de la ville. Ce quartier est célèbre pour ses maisons colorées au toit en tôle bleue, mais aussi pour ses nombreuses boutiques de créateurs, d'artisans et d'artistes en tout genre. Lorsque j'arrive sur place, je remarque que tous les murs des bâtiments sont décorés avec des mosaïques et des fresques. Des sculptures sont disposées un peu partout.

︎ UNE JUNGLE ARTISTIQUE

Je me laisse guider par mon instinct, le site est un véritable labyrinthe. Chaque coin de rue possède son secret, sa propre œuvre d'art. Les gens viennent ici pour prendre des photos mémorables. Le village s'étend jusqu'en bas de la montagne, au bord de l'eau. Les cafés offrent une vue agréable sur Gamcheon. Je m'arrête boire un thé, les yeux rivés sur cet endroit hors du temps. J'entends alors parler d'une statue du Petit Prince. Tiens donc ! Partons à sa recherche. Après plusieurs longues minutes à déambuler, je finis par la trouver. Décidément, Gamcheon est un endroit surprenant : une galerie d'art à ciel ouvert !

LE PETIT PRINCE EST ASSIS AU BORD D'UNE RAMBARDE, AUX CÔTÉS DU RENARD. ON DIRAIT QU'ILS CONTEMPLENT LE VILLAGE. LES VISITEURS SE BOUSCULENT POUR ADOPTER LA MÊME POSE ET PRENDRE DES PHOTOS.

부산에서 마지막 날

BUSAN, LA STATION BALNÉAIRE

열네 번째 날   JOUR 14

SOIRÉE SPORTIVE AU STADE SAJIK

C'est mon dernier jour à Busan et, avant de partir, je voudrais assister à un match de base-ball, un sport très apprécié ici. Par chance, ce soir l'équipe de la ville, les **Lotte Giants**, joue à domicile, au **STADE SAJIK**. Je me rends directement aux guichets du stade pour acheter mon billet. L'équipe locale affronte celle de **Gwangju**, les **KIA Tigers**. Je m'installe dans les gradins et, même si je ne suis pas très familière des règles du base-ball, j'apprécie l'ambiance qui règne dans le stade. Les *Lotte Giants* sortent vainqueurs de cette rencontre. Je suis heureuse d'avoir pu vivre une telle expérience ! J'ai même fini par chanter avec les supporters en seconde partie du match !

DERNIÈRE BALADE SUR LE BORD DE PLAGE

Cette étape à Busan était excellente ! J'aurais aimé rester plus longtemps car il fait bon vivre dans cette ville. Mais demain, je pars pour ma dernière excursion, et pas des moindres : l'île de Jeju, la plus grande de la Corée du Sud. Avant d'aller dormir, je décide de me promener sur la plage de Haeundae. Les soirées sont souvent animées. Chanteurs, danseurs, humoristes, acrobates se produisent sur des petites scènes face à la mer, donnant à Busan un charme que les autres villes coréennes n'ont pas.

Les cris de guerre des supporters

Les supporters de Busan, surnommés les « goélands », en référence à l'oiseau, symbole de la ville, se sont déplacés en nombre. Ils arborent très fièrement les couleurs de leur équipe. Les supporters entonnent des chants pour encourager les joueurs et s'exclament « Ma ! Ma ! Ma ! », une onomatopée censée reproduire le cri du goéland et déstabiliser les adversaires. Et visiblement, ça fonctionne !

LES JEUX VIDÉO ET LE E-SPORT

♡ Succès des *PC bang* et des jeux en ligne

C'est à partir des années 1990 que le jeu vidéo a connu son essor en Corée du Sud. À cette période, peu de gens possédaient d'ordinateurs à leur domicile. C'est pour cette raison que se sont créés les **PC bang** (PC방), des salles équipées pour jouer en ligne. Le jeu *Starcraft* est devenu rapidement à la mode et le nombre de *PC bang* a explosé. À partir de 1998, face à l'engouement que suscitaient les jeux vidéo, les compétitions d'*e-sport* ont commencé à être diffusées à la télévision et l'industrie du jeu vidéo a particulièrement prospéré. Des entreprises coréennes ont même commencé à développer leurs propres jeux comme NCsoft, à l'origine de *Guild Wars*, ou Nexon, créateur de *KartRider*. Au début des années 2000, des jeux en ligne sud-coréens ont connu un grand succès comme *Ragnarok Online* ou *Lineage II*. Depuis le début des années 2010 et le développement des jeux sur smartphones, les compagnies sud-coréennes comme Kakao ont créé leurs propres jeux.

♡ Véritable sport !

Peu à peu, des joueurs se sont démarqués et sont devenus de réels champions. Flairant leur potentiel financier, des *gaming houses* ont commencé à voir le jour afin de coacher et sponsoriser les plus talentueux d'entre eux, comme Lim Yo-Hwan, plusieurs fois champion sur *Starcraft*. De grands groupes comme Samsung ou SK Telecom n'ont pas hésité à investir dans le *e-sport*. Les compétitions sont aujourd'hui mondialement suivies sur Internet, mais les supporters se déplacent aussi en nombre

비디오 게임과 **E스포츠**

dans des stades pour voir leurs joueurs préférés. En 2000, une fédération, la *Korean e-Sports Association* (KeSpa), a été créée pour mettre le sport électronique au même rang que les autres. Elle gère également la diffusion de plusieurs jeux comme *League of Legends* et organise des tournois de joueurs professionnels qu'on appelle **gosu** (고수). Le jeu vidéo a le statut de sport national et est reconnu par l'État.

Aujourd'hui, la Corée du Sud est célèbre dans le monde du *e-sport* pour former de grands joueurs. Certains *gamers* étrangers se rendent sur place pour recevoir des formations spécialisées. Si les jeux vidéo connaissent une forte popularité et que des équipes professionnelles se forment en France, en Europe ou aux États-Unis, ce phénomène n'est pas récent en Corée du Sud. *Starcraft* est toujours très populaire, mais d'autres jeux comme *League of Legends*, *Overwatch* ou *World of Warcraft* sont très appréciés des joueurs Coréens et célèbres dans tout le pays.

♡ Scandales et addictions

Comme toute industrie, celle du *e-sport* n'échappe pas aux scandales. En 2010, des joueurs professionnels ont été accusés de perdre volontairement des matchs. Certains ont même été condamnés à des peines de prison.
Le gouvernement a par ailleurs fait part de son inquiétude quant aux problèmes d'addictions que les jeux vidéo pouvaient entraîner. Des lois ont alors été votées pour empêcher les adolescents de moins de 16 ans de jouer en ligne la nuit, et des centres de désintoxication ont été construits afin d'aider les jeunes joueurs à déterminer les causes de leur addiction et à reprendre un rythme de vie normal.

제5장 DÉPART POUR L'ÎLE DE JEJU

♡ DERNIÈRE ESCALE

Mon périple en Corée touche à sa fin, mais avant de quitter le pays, je souhaite me rendre à l'endroit le plus au sud : **L'ÎLE DE JEJU**. On peut y aller en ferry ou en avion depuis Séoul ou Busan. Direction l'aéroport pour une petite heure de vol. C'est un endroit de villégiature apprécié par les jeunes mariés. J'ai hâte de découvrir ce que cette île a à offrir. Vu du ciel, c'est déjà quelque chose !

✽ L'ÎLE VOLCANIQUE

Au centre, se dresse le **MONT HALLA** (한라산), un ancien volcan qui est aujourd'hui le point le plus haut du pays. Son sommet culmine à près de 1 950 mètres d'altitude. Jeju est célèbre pour sa terre volcanique très fertile. À travers mon hublot, j'aperçois des centaines de parcelles agricoles qui façonnent le paysage. Ici, pas de gratte-ciel, l'île a gardé un caractère rural. Il me tarde de parcourir cet endroit et de percer à jour ses secrets.

제주도로 출발

LES MYSTÈRES DE L'ÎLE DE JEJU

열다섯 번째 날   JOUR 15

J'ARRIVE PRÈS DU SEONGSAN ILCHULBONG (성산 일출봉), UN CÔNE VOLCANIQUE FORMÉ IL Y A 5 000 ANS.

 **LES SPÉCIALITÉS DE L'ÎLE**

Avant de partir à la découverte de l'île, je dois me remplir l'estomac. Sans plus attendre, je m'installe sur la terrasse d'un restaurant qui sert le célèbre porc noir de Jeju.

Les tranches de porc cru arrivent, elles sont plus épaisses et plus grasses que celles que j'ai goûtées à Séoul. La peau caramélise au contact du grill et la viande dore doucement. C'est vrai que c'est délicieux ! J'accompagne mon repas avec un jus de mandarines de Jeju. Le climat doux de l'île permet de faire pousser une variété de ce fruit aussi célèbre que le porc !

C'est sur cette note douce et sucrée que je peux désormais partir à l'aventure. Il existe 26 chemins de randonnée sur l'île, soit un parcours de 425 kilomètres ! Un grand choix s'offre à moi pour mes prochaines excursions, mais avant ça, je pars rencontrer les étranges statues de pierre de Jeju...

MANDARINE 감귤

PORC NOIR 흑돼지

제5장 UNE ÎLE ROCHEUSE

RENCONTRE AVEC LES STATUES DE PIERRE

L'île de Jeju possède de nombreux secrets. Sa culture est riche et unique ! On y trouve des sculptures en pierre volcanique qu'on appelle **dolhareubang** (돌하르방), ou « grand-père de pierre ». Certaines sont exposées dans le parc des pierres. Historiquement, elles étaient placées devant les bâtiments en guise de protection contre les mauvais esprits, mais également pour marquer le seuil d'entrée. Les jeunes couples ont pour habitude de venir toucher le nez d'un grand-père de pierre pour favoriser l'arrivée d'un garçon.

Je m'engouffre dans un bois où se dressent plusieurs dizaines de **dongjaseok** (동자석), littéralement des « gardiens d'âme » pour les défunts. Elles sont moins élevées que les « grands-pères de pierre » et représentent souvent des enfants, debout, les mains jointes. Elles étaient autrefois disposées devant les tombes et portaient des objets comme des éventails, symboles de la tradition des savants du royaume du Joseon, ou des fleurs qui, selon la légende, donnent vie aux morts, ou encore des épées, symboles de protection.

La légende de Seolmundae

Un guide m'a raconté la légende de la grand-mère Seolmundae et de ses 500 fils partis à la recherche de nourriture. Alors qu'elle préparait le repas, elle est tombée dans la marmite bouillante et s'est noyée. Quand ses 500 fils sont rentrés à la maison, ils ont mangé la soupe sans savoir que leur mère s'y était noyée. Mais le fils cadet a trouvé un os dans la marmite et a tout compris. Il est parti en pleurant la mort de sa mère jusqu'à se transformer en pierre. Ses frères qui le regardaient, pleurèrent aussi jusqu'à se changer à leur tour en pierre.

바위섬

LES MYSTÈRES DE L'ÎLE DE JEJU
열다섯 번째 날 — JOUR 15

 ## LES ÉTONNANTES FALAISES JUSANG

Je termine la journée en allant au sud de l'île, pour admirer les célèbres **FALAISES JUSANG** (주상절리). Elles sont réputées dans tout le pays, car elles sont faites de piliers de pierre formés lorsque le volcan du mont Halla est entré en éruption. Je n'avais jamais vu de falaises comme ça auparavant ! Je reste là quelques minutes, à regarder le soleil se coucher. C'est magnifique !

 ## UN REPAS FACE À LA MER

Je dîne au bord de la mer. Face à moi, des surfeurs sont venus profiter des belles vagues. En période estivale, l'île est prise d'assaut par les touristes coréens venus se couper du monde. Les restaurants sont bondés et l'île foisonne ! Pour autant, elle reste très pittoresque et garde son allure de petite île villageoise.

Vagues en vogue !

Le surf est plutôt récent en Corée du Sud, mais il connaît un véritable engouement depuis quelques années. Il est d'abord apparu sur l'île de Jeju, où la première école de surf coréenne a été ouverte en 1995. On trouve aujourd'hui plusieurs plages dédiées à ce sport de glisse dont celles de Yangyang, à seulement 2 heures de Séoul !

FIN DU PÉRIPLE CORÉEN

♡ RENCONTRE AVEC LES FEMMES PÊCHEUSES

Ce matin, je me suis levée aux aurores pour assister à une scène un peu spéciale : la pêche en apnée ! L'île de Jeju est connue dans le monde entier pour ses femmes de la mer, les **haenyeo** (해녀). Elles sont apparues dès le XVIIe siècle et forment une petite communauté de plongeuses. Elles sont capables d'aller jusqu'à 10 mètres de profondeur, sans oxygène, pendant plusieurs minutes ! Ce sont de véritables légendes très respectées. Un musée leur a d'ailleurs été dédié. Malheureusement, la dangerosité et la difficulté du métier font que les jeunes filles n'ont plus réellement d'intérêt pour cette tradition et ce mode de vie.

LEUR SAVOIR SE TRANSMET DE GÉNÉRATION EN GÉNÉRATION ET EST AUJOURD'HUI INSCRIT AU PATRIMOINE MONDIAL IMMATÉRIEL DE L'UNESCO.

한국여행의 끝

LES MYSTÈRES DE L'ÎLE DE JEJU
열여섯 번째 날 **JOUR 16**

 ### ASCENSION DU MONT HALLA !

C'est bientôt la fin de cette escapade sud-coréenne et, pour célébrer ce voyage, je me lance un défi : atteindre le sommet du **MONT HALLA**, baengnokdam (백록담), l'ancien cratère du volcan qui culmine à 1 950 mètres. J'emprunte un chemin constitué de marches connu pour offrir les plus belles vues. Je croise beaucoup de gens, surtout des personnes âgées. Il faut dire qu'ici, la randonnée, **deungsan** (등산), est un sport très apprécié par les aînés ! Au milieu du parcours, j'arrive au cratère **saraoreum** (사라오름), situé à 1 324 mètres. Plus loin, se trouve un observatoire qui offre une vue panoramique sur le mont Halla. Je peux voir le sommet **baengnokdam**. Cette pause enchantée m'a redonné de la force ! Je me sens prête pour affronter la seconde partie du parcours ! Cette fois, le chemin devient caillouteux et un peu plus difficile.

 ### LE TOIT DE LA CORÉE DU SUD

Plus haut, se trouve le **REFUGE JINDALLAEBAT** (진달래밭) où je reprends mon souffle. Le sommet n'est plus qu'à 1 heure 30, mais j'ai l'impression que les escaliers n'en finissent plus ! Je finis par apercevoir le cratère du mont Halla. J'y suis ! Au point culminant de la Corée du Sud !

> HEUREUSEMENT, LA VUE ME FAIT OUBLIER À QUEL POINT CETTE ASCENSION EST DIFFICILE.

Pendant la descente, je me rends compte combien ce voyage a été intense. Je tente de graver les paysages dans ma mémoire. Demain, je rentre en France. Je reviendrai, c'est certain. Il me reste encore tellement d'endroits à découvrir... Comme on dit en Corée :

다시 만날때 까지 안녕히게세요.
Au revoir, jusqu'à ce qu'on se revoie.

또 만납시다 !
À bientôt !